〈ユニバーサル〉を創る！　ソーシャル・インクルージョンへ

〈ユニバーサル〉を創る!

ソーシャル・インクルージョンへ

井上滋樹
Inoue Shigeki

岩波書店

はじめに

米国で生活するようになって、よく耳にするようになったのが、「ダイバーシティー」(多様性)、と「インクルージョン」(包括)という二つの言葉だ。

毎朝、通勤電車に乗っていると、日本ではめったに遭遇することがないような、とても大きい人や、とても背の高い人を見かける。もちろん、小柄な人もいる。電車のなかでは、さまざまな民族の人がいて、英語だけでなく、スペイン語や中国語、どこの言葉か見当もつかない言葉も聞こえてくる。障害のある人も、日本より比較的多く見かけるように思う。

見た目も、話す言葉も違うので、この国において「多様性」はとてもわかりやすく、いやでもお互いの存在を認め、同じ社会でともに生活していかなければならない。わたし自身も、「多様」な人の一人として、少々肩身の狭い思いをしながら、この国のインフラ、情報やサービスを共有し、地域のネットワークのなかで暮らし始めている。

たとえば少数派だからといって、その人たちを除外するのではなく、その人たちと同じ社会の枠組みのなかで、ともに生活していこうということ、それがこの国で広義に、「インクルージョン」という言葉で示されていることである。

日本は、米国のような「人種のるつぼ」ではない。

また、わたしたちはこれまで、わたしたちが「多様」であるという発想をあまりしてこなかったように思う。しかし、日本でも、じつに「多様」な人たちが、生活をしている。そして、気をつけなければいけないのは、「多様性」は、必ずしも外見からだけわかるものではないということだ。

建築物や商品などのデザインがすべての人に配慮されていること、すなわちユニバーサルデザインは非常に重要なコンセプトだが、ハード面だけでなく、ソフト面、すなわち、すべての人とコミュニケーションをしたり、すべての人がサービスを享受することができる「ユニバーサルサービス」が同時に求められることを、わたしは前著『ユニバーサルサービス』(岩波書店、二〇〇四年)に記し、ハードとソフトが車の両輪となってすすめていく社会づくりを提案した。

この本では、その考えを一歩すすめ、どうしたら、すべての人がともに暮らしやすい社会を「多様」な人たちとともに創っていくことができるのか、すなわち〈ユニバーサル〉を創ることができるのかということを、理論や机上の空論ではなく、わたしが出会った人たちの、生き方を紹介することで、描いてみたいと思った。

なぜなら、わたしが大きな影響を受けた、この本に登場する人たちの生き方は、これから高齢化がすすむこの日本で、社会全体が大きな活力をもつための「ソーシャル・インクルージョン」への取り組みそのものであると思ったからだ。

ＥＵやＥＵ加盟諸国は、これまで「ソーシャル・インクルージョン」を政策として取り入れてきた。二〇〇〇年三月にリスボンで開催された欧州委員会は、『ソーシャル・インクルージョン』は、ＥＵ全体で取り組むべき非常に重要なテーマであり、加盟国は、たとえば子どもの貧困の問題に取り組むなど、多面的に対応していかなければならない」と、結論づけている。

欧州委員会は、同年、ＥＵにおける「ソーシャル・インクルージョン」の目的を、仕事をもち、人としての権利や、さまざまなサービスを享受できること、社会から排除されないようにすること、傷つきやすい人を救済すること、すべての人々を社会が包括すること、などとしている（二〇〇六年にブリュッセルで開催された、欧州委員会の報告書 Commission Staff Working Document: Implementation and Update Reports on 2003–2005 NAPS/Inclusion and Update Reports on 2004–2006 NAPS/Inclusion, Commission of The European Communities, Brussels, 23. 3. 2006 参照）。

「ソーシャル・インクルージョン」は、欧米諸国では、頻繁に使用される言葉だけあって、その言葉の意味は曖昧《あいまい》であり、定義もさまざまである。その活動も、政府主導のものから、ＮＧＯ／ＮＰＯが主導するものなど、ここ数年で広がりをみせてきており、具体的な活動も、貧困問題全体を対象にするものから、ホームレスや特定の障害のある人を対象とするものなど、多様化している。

わたしは、この本を執筆するにあたって、「ソーシャル・インクルージョン」を、「何らかの事情により、社会で生活していくうえで、本来、すべての人に与えられるべき生活水準を保てない、また、仕事、教育などの機会を得ることなく、社会のインフラやサービスを十分に享受できない環境にいる人を、同じ社会の構成員として、社会に包括していくこと。または、そのための仕組みをともに創っていくこと」と定義した。

少子化がすすみ、労働人口が減少する。その一方で、増え続ける高齢者や障害者を社会全体で支えなければならないのは事実だが、必要とされているのは、一方的に支えるだけではなく、ともに支えあっていく仕組みだ。そんなわたしたちの社会において、欧米諸国で注目されている「ソーシャル・インクルージョン」は、日本でも、政府や自治体が積極的に展開していくべき重要なコンセプトである。

とはいえ、わたしがこの本で描く「ソーシャル・インクルージョン」は、かたくるしい政策論ではなく、地域の商店街やＮＰＯ、ボランティアに携わる人たち、あるいは、熱い想いをもった企業や自治体などの人たちが、ともに理想を描き、連携し、泣いたり笑ったりしながら、仲間といっしょに創りあげてきた活動である。だからこそ、大きな動きとなって社会を変えていく力となるものと信じている。

目次

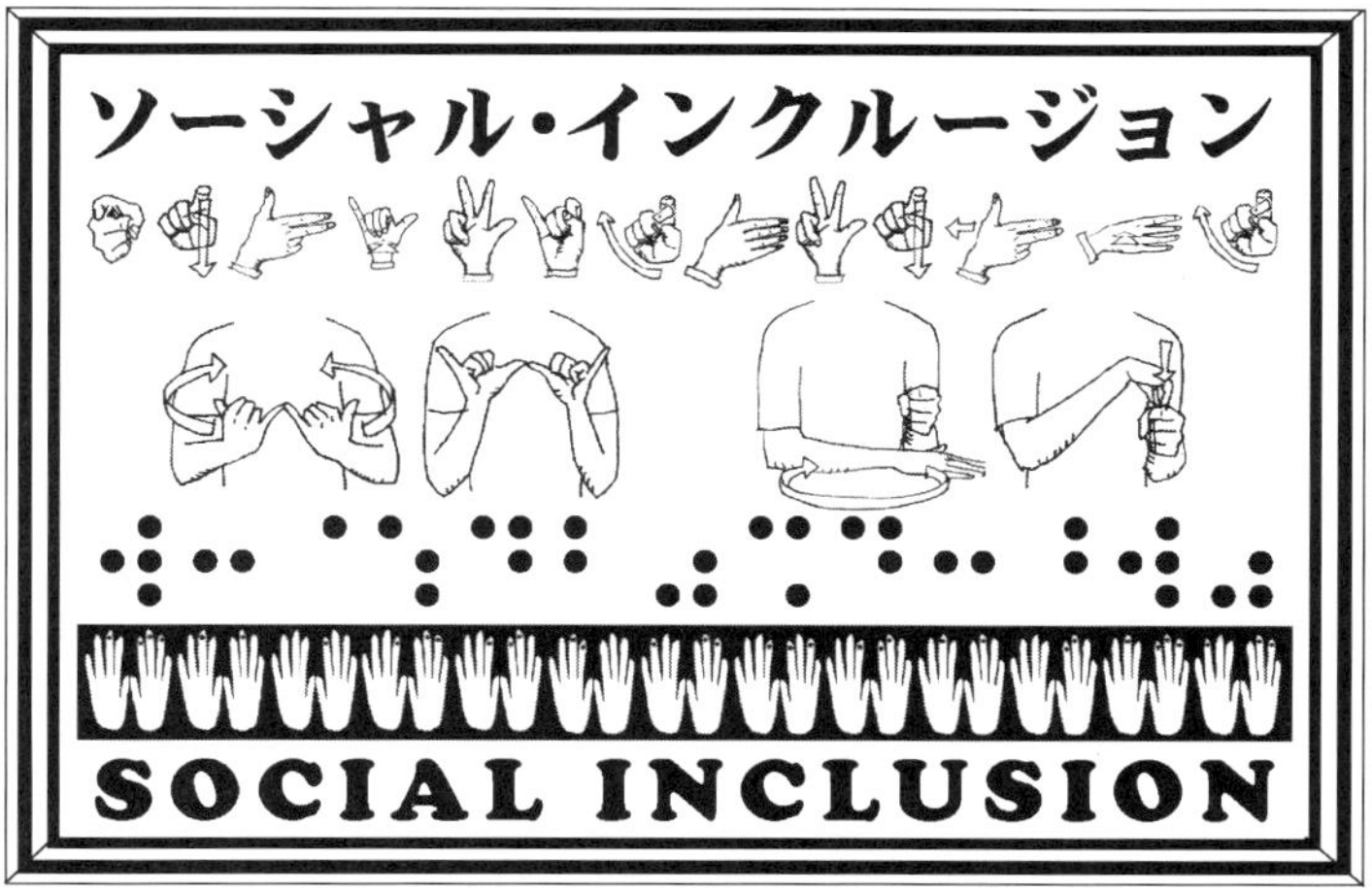

目次

装丁　後藤葉子
本文イラスト　高橋哲史

第一章

伝統文化のソーシャル・インクルージョン

平等院（提供：平等院）

平等院のユニバーサルデザイン

二〇〇四年一二月、ブラジルのリオデジャネイロで開催された、米国のアダプティブ・エンバイロメンツ(Adaptive Environments　以下、ＡＥ)が主催するユニバーサルデザインの国際会議(Design for the 21st century Ⅲ)に参加したときのことだった。

ＡＥは、二〇〇六年八月現在、わたしが特別研究員として働いている、一九七八年に設立されたユニバーサルデザインを国際的に研究・推進するＮＧＯ(非政府組織)である。

ある日本のユニバーサルデザインの商品に関するプレゼンテーションが終わったとき、その会場で、電動車いすを利用したブラジル人女性から「日本のユニバーサルデザインの商品が、高齢者や障害者にも配慮されていて、すばらしいことはよくわかりました。しかし、この商品を買うことができない貧しいブラジル人は、どうしたらいいのですか」との質問があった。会場では差し障りのないやりとりに終わったが、わたしは彼女の意見をもっと聞きたかったので、後で話しかけると、彼女は会場の外にわたしを誘い出し、遠くを指さしてこう言った。

「あの丘の向こうが、スラム街です。ブラジルでは、家のない人もいます。家があっても、衛生面で劣悪な環境に住んでいる人が多くいます。この国では、家のバリアを取り除くとか、高級な家電製品を買うとか以前に、やらなければならないことが多いのです」

今回で三回目となる、この国際会議がブラジルで開催されたのには理由があった。ユニバーサルデザインは、先進国だけでなく、これから本格的に都市開発をすすめたり、戦争や災害などで、障害者が増えているような地域でこそ必要とされる。そのため、開催地をブラジルにした。会議のテーマは「途上国にユニバーサルデザインの橋をかけること」だった。

わたしは、その会議で、ブラジルだけでなく、世界のさまざまな現状に触《ふ》れる機会を得た。それぞれの国や地域がかかえる課題は、無論、簡単に解決できるようなことではなく、きびしい世界の現状を物語っていることが多かった。

しかし、それらの具体的な問題とは別に、そこでわたしが感じたのは、ユニバーサルデザインをすすめていく際に、世界中どこでも同じようにすすめればよいのではない、それぞれの地域において、取り組むべきことも、そのプロセスも、求められることも、そのゴールも違うということだった。

日本でユニバーサルデザインを、どうすすめるべきなのか。日本の真裏に位置するブラジルで、日本に帰り、その答えを探してみようと思った。

地域の習慣や文化、多様な価値観のなかで、どうやって日本ならではのユニバーサルデザインをすすめたらいいのか。

わたしは、町全体が文化財といってもいい世界的な観光都市である京都がそれを考えるのにふさわしい場所だと思い、二〇〇五年から二〇〇六年にかけて、四回にわたり五〇近い京都の神社仏閣を巡った。

いつの時代から、どれほどの人が、どのような思いでこの寺の石段をのぼったのだろうか。緑の木々からどんよりとした光がこぼれてくる古い石畳の階段をのぼっていくと、なんともいえない心地よさに、気持ちが澄み切ってくる。この感覚は、ほかでは味わうことのない独特のものだ。

山間にある神社仏閣の急な勾配の石畳の階段は、下から見上げるほど高く、長年かけて石に貼《は》りついたような苔《こけ》があるために滑りやすい。雨の日などでは、のぼりおりに苦労する場所が数多くあった。手すりのない階段も多いので、足腰の弱った高齢者にのぼることは困難だ。

しかし、昔から長くて急勾配のお寺の階段は、祈禱《きとう》の前に、苦労してのぼることに意味があったと言われている。また、年をとって足腰が多少弱くなっていても、石段をのぼることで、身体を丈夫にし、いつまでも石段をのぼれるような身体づくりをする効果もあったとも聞く。

息を切らしながら、ゆっくりと階段をのぼり、そんなことを考えていると、長い間ずっとここにあり続けているこの石畳の階段を、いま、急に悪者扱いをしていいのだろうかと、大きな疑問がよぎってくる。

二〇〇五年当時、京都府、京都市、京都のホテルなどから、ユニバーサルサービスに関する講演依頼が多かった。前著である『ユニバーサルサービス』(岩波書店)で示した、ユニバーサルデザインをすすめていくうえで、ハード面の改善だけでなく、ユニバーサルサービス、すなわち人的なサポートやコミュニケーション、情報も含めて取り組むべきであるという考え方が、神社仏閣が多く、物理的なバリアを取り除きにくい京都でも有効だというのが、その理由の一つであった。

しかし、たとえこの京都でも、段差などのバリアを取り去っていくことは、高齢者や障害者が社会に参加していくうえで、最優先すべき事項でもある。

さまざまな神社仏閣を巡り歩き、いろいろな人の話を聞くなかで、二〇〇五年の夏に京都平等院を訪れたときに出会った、平等院の事務局長を務める宮城《みやぎ》宏索《こうさく》さん(41)のことが心に残っていた。

平等院といえば、十円玉の絵柄にもなっており、日本人にとって最も身近な寺院の一つである。その「平等院鳳凰堂《ほうおうどう》(中堂・両翼廊・尾廊の四棟からなるお堂)のなかに、車いすではあがれない」ということを残念に思った人が、あちこちでそのことを語ったために、そこの部分だけが強調され、平等院を訪れたことのないバリアフリーの関係者の人たちのあいだで「あそこはだめだ」といううわさが広まった。

宮城さんはわたしに「自分としては、バリアフリー化に最大限の努力をしてきたつもりなのに、今までの努力が、むなしく崩れていったようで、とても辛《つら》かった」と当時のことを思い出し、肩を落として言った。彼のその言葉が、ずっと気になっていたので、わたしは、もう一度、彼に会いに平等院を訪れることにした。

雪の降った日、いくつかの京都の寺を巡った後、宇治に向かった。

その日の平等院は、前回訪れたときとは、まったく趣《おもむき》を変えて、屋根に雪をまとった鳳凰堂が夕方の光を浴びて、池にその姿を映し込んでいる。白い息をはきながら、その美しさに酔いしれていると、宮城さんがやってきた。

「来年(二〇〇六年)の一月には、ここも工事をして、車いすで入れるトイレをつくります」

笑顔で出迎えてくれた宮城さんは、うれしそうにわたしに説明した。他の二カ所のトイレにも、車いすで入れるトイレがあるのに、ついに三カ所目まで車いす対応のものに変えるのだ。

「なぜ、そこまでやられるのですか?」と聞くわたしに、「施設関係の方が団体で一度に来られると、車いすで使用できるトイレが混むのです。ですから、トイレだけじゃなく、トイレに向かう通路も、いまの急勾配のスロープも、傾斜を緩やかにして、地面の凹凸をなくす工事もします」と語った。

そう話しているあいだにも、平等院を訪れた高齢者が、砂利道対応の大きなタイヤをつけた車いすに乗って鳳凰堂の周囲を、介護者といっしょにまわっている。貸し出しをしているこの車いすは、宮城さんが自分で見つけてきたものだ。

二〇〇一年の三月に新しくつくられた「平等院ミュージアム鳳翔館」は、国宝を多く収めた博物館である。鳳凰堂の景観を損なわないように、大半を地下に埋めて高さを抑えて設計した。だから、平等院鳳凰堂をながめているとき、ミュージアムが邪魔になることはない。

この建物をつくることには、もう一つの狙いがあった。車いすを利用する人や、杖《つえ》をついた高齢者からの「宝物《ほうもつ》を見たい」という要望に応えて、博物館の地下一階の床レベルと鳳凰堂を取りまく庭園のレベルとを合わせ、斜面にトンネルの入り口をつくることによって、その敷地にもともとあった、八メートルもの高低差を解消することだ。

それまでは、車いすを利用して正門から入ると、奥まった小高い丘の上にあった旧宝物館のところまで行くことができなかったし、逆の行き来もできなかった。しかし、この建物ができたおかげで、そして、そのなかに設置されたエレベーターを利用することができるようになったので、いまでは、その行き来が可能になったというわけだ。

「段差の解消を設計前の段階から考えていたので、余計にお金をかけることなく、より多くの人に平等院で国宝を見聞してもらえるようになりました。それでも、一定以上の方が来られたら、限界ということもあるのですよ」

いくらエレベーターがあっても、車いすを利用する人が一度に二〇人を超えると、エレベーターでは移動が追いつかないことがあるという。

ここ数年で、老人ホームなどの高齢者施設でいい評判が立ったのか、車いすを利用する施設の団体が急増したという。春の行楽シーズンには、一週間に四団体の訪問がある。車いすを利用する人だけで一日に一〇〇人を超す日もある。うれしい悲鳴だが、多くの方が同時に来たとき対応が追いつかないと、クレームの対象になることだってある。来年、再来年、どれだけの人が訪れるか、予想ができないから、改装工事をしても、それで追いつくかどうかはわからない。

「これでは、いたちごっこになりかねません」と宮城さんの心配事は後を絶たない。ユニバーサルデザインやユニバーサルサービスに、完璧ということはありえないことを思い知らされる。

平等院の対応は、ハード面だけでない。全員で四〇名もいるスタッフには、訪れた人への対応に関する研修などを実施し、瞬時にスタッフ間で連絡がとれるような、運営面でのオペレーションも徹底させている。わたしも案内してもらったが、車いすの利用者を待たせることなくまわってもらうための動線の確保などは、よく考えられたものであった。

手話ができるスタッフも一人いるので、あらかじめ連絡すれば、手話による対応も可能だ。点訳ボランティアの人が制作してくれた点字の資料も配布している。平等院における取り組みは、わたしの予想をはるかに超えたものだった。

こんな話も聞いた。観光ボランティアの団体から、視覚障害者が触《さわ》ることができる、平等院の建物のミニチュアをつくっていいかとたずねられて、承諾すると、その団体は建物のミニチュアをつくってくれたそうだ。平等院には置いていないが、要望があると、団体が招いた視覚障害者が訪れる際に使用している。

「同じ団体から、仏像のミニチュアもつくりたいと依頼があったのですが、どうすればいいでしょうか？」と宮城さんは、わたしに質問をした。わたしは一瞬言葉につまった。なにしろ、つくるのは、ビルや車などのミニチュアではなく、仏様である。簡単につくっていいものでもなかろう。

しかし、三十三間堂には、視覚障害者が触ることのできるミニチュアの仏像があった。龍安寺に行ったときには、実際に庭にある石と若干配置が違ったが、視覚障害者向けに、有名な一五の石からなる石庭のミニチュアがあり、驚いたことを思いだした。やってできないことはない。そして、わたしが、もし目が見えなかったら、手で触《ふ》れて、寺のかたちや仏様のかたちを知りたいと思うだろう。そう考えてから、こう答えた。

「つくる方向で、検討されたらいかがでしょう」

間髪を入れず、宮城さんは、こう言ってくれた。

「つくるのであれば、きちんとしたものをつくらないと、いけませんね」

見える障害と見えない障害

最初に彼に会ったとき、驚いたことがある。わたしが、障害者への配慮について、話をしていると、こう言われたのだ。

「じつは、わたしも一種一級の障害者なのです」と。

わたしは、あまりの驚きで目の前の宮城さんを見つめた。元気そうに見える。どちらかというとわたしが障害者の立場に立って、平等院を管理する立場の人に話をすすめてきたが、彼自身が、障害者であるということに愕然《がくぜん》とした。驚くわたしに「内部障害なのです」と彼は付け加えた。まるで専門家のように話をしていたわたしは、目の前にいる人の障害に気づかないで障害のことを語っていた自分に赤面した。

宮城さんは子どものころからの病気が原因で、心停止を何度か起こしていたという。二〇〇〇年にも心停止を起こした。生死をさまよう状態で、ＩＣＤ(Implantable Cardioverter Defibrillator 植え込み型除細動器《じょさいどうき》)という、言ってみれば特殊な心臓ペースメーカーを胸に埋《う》めこむ手術をし、それから障害者認定を受けた。

宮城さんは、体調が非常にわるいときもある。だから、お年寄りや、障害がある人に配慮したいという気持ちがある。彼は、そうわたしに明かしながら、こう語ってくれた。

「お寺は、遊園地やテーマパークではありません。国宝指定をされている歴史的建造物に簡単にスロープがつけられるかというと、文化財保護法により不可能なことがあります。お寺と一口に言っても、また国宝と言っても、個々の状況が違うので、一概には言えませんが、この完成された景観を守るために、してはならないこともあります。バリアフリーやユニバーサルデザインをすすめるにあたり、できることは可能な限り前向きにやるというスタンスですが、できないことがあるということは、わかっていただきたいと思います」

「鳳凰堂には、車いすで入れない」というのは確かに事実だ。しかし、できない事情がある、そのことはわかってほしい、と宮城さんは力説した。

国宝である鳳凰堂へ向かう回廊に車いす用のスロープを設置すると、鳳凰堂の木材に手を加えることになるし、鳳凰堂の景観を変えてしまう。さらに、車いすで、年間数百もの人が回廊を動くと、床を変形させてしまうことになる。

しかし、そんな理由を言っても、「障害者に配慮していない、だめな寺」というレッテルを貼られたとき、自分が世間から一方的に悪者扱いされたように思い、寝ているあいだにもうなされるような日々が続いたという。

わたしにも苦い経験がある、ユニバーサルデザインをかかげる施設づくりに携わったとき、全体的には、ずいぶんよくできたと思ったのだが、重箱の隅をつつくように、できていないところだけを批判されたのである。批判するのは必要だが、努力している人をつぶしてしまっては、元も子もないのではと、やるせない気持ちになったことを思い出した。

携帯電話をポケットに忍び込ませていたわたしは、宮城さんに、「携帯電話は大丈夫ですか?」と聞いてみた。

「携帯電話は、最近は、ほとんど干渉しないと言われているので気にしていませんが、わたしの胸に埋まっている除細動器は、電磁調理器と盗難防止装置、それから溶接で使用する機械などには干渉されることがあると言われたため、そこには近づかないようにしています」

そのため宮城さんは、盗難防止装置には向き合わないで直角に真ん中をさっと通るように医師から指導を受けているそうだ。しかし盗難防止装置は、お客に見せないために、カムフラージュされていることがある。隠されていると、知らないで近づいてしまう危険性がある。「それが一番怖いんですよ」と宮城さんはつぶやいた。

宮城さんの胸に埋まっている除細動器は、ふつうの心臓ペースメーカーよりも複雑な機能をもつ。誤作動すると痛いし、発作が起こったとき、うまく作動しないと数分で死に至ることもあるそうだ。そういったことを、まったく知らなかった自分が恥ずかしく思えてくる。

しかし、こうした知識の欠如は、わたしだけの問題ではないかもしれない。このいまも、新しいリスクが生まれているかもしれないし、技術は日々進歩し、いくつかのリスクは、すでに排除されているかもしれない。日々更新された正確な情報を多くの人に知らせる情報提供と、周囲の人、つまり生活者全員の理解が必要だと感じた。

平等院の管理責任者である宮城さんは、障害のある人から、なかば因縁めいたことを言われたことがある。「障害者の気持ちは、おまえらにはわからない」という言葉だ。わたしもこういった言葉に何度か出合っているので、気持ちは痛いほどわかったが、一種一級の障害者である宮城さんには、また、別の思いが駆け巡るのだろう。

「東京に行くと、地下鉄の階段が相当きついですよ。エレベーターやエスカレーターがあると助かるのは自分なのです。でも、わたしは、見かけ上、障害者だとわからないじゃないですか。ですから、『障害者の気持ちは、おまえらにはわからない』と言われたとき、『わたしも障害者です』と言いたくなるのですが、言えないのですよね。なんだか、言い訳しているみたいですからね」

宮城さんは、平等院を管理する目線と、障害者の目線という二つの目線を持つ。だからとても悩むし、苦労もする。しかし、そこにこそ、宮城さんの役割がある、とわたしは思った。

「強い電磁波を発するものなど、宮城さんの命を脅かす危険性のあるものは、世の中から排除したほうがよいとは思いませんか？」と宮城さんに聞いてみた。

「わたしが参加しているＩＣＤの団体のなかでも、いろいろな意見があります。なかには、リスクが絶対ないと証明できない機器は、すべて社会から排除してほしいといった極端な意見を言う人もいます。しかし、わたしはその意見には反対です」。宮城さんは、そう答えた。

もちろん、人の命は最優先されるべき事項だ。しかし、同時に社会が発展したり、社会の多くの人が豊かに快適に暮らせることを、考えなければならないと宮城さんは説明した。

「わたしも、除細動器という機器のおかげで、こうして生きていられます。技術の進歩はコインの両面のようなものです。携帯電話の危険性が声高に叫ばれていたときに思ったのですが、胸が苦しくなったとき、携帯電話で救急車を呼ぶことができるというメリットもありますよね」と私に説明した。

「宮城さん、ご自身が障害者という認識がありますか？」と思い切って聞いてみた。彼は、しばらく考え込んでしまって、「う～ん、どうですかね」と言ってはぐらかし、その問いには答えなかったが、わたしにはわかった。

この問題も、すでに障害者かどうかという枠組みで話すべき事項ではないのだ、と。

心臓に除細動器やペースメーカーを埋め込むことは、だれにでもありえる。車いすを利用したり、杖《つえ》をつくことも同様だ。

いま、さまざまな話をしている宮城さんと私の会話も、寺の管理者とユニバーサルデザインの専門家という構造ではない。一人、一人が、同じ社会を包括するなかにある存在として、関係性のなかで、最善の方法を考えている、一人の市民どうしである。

重要なことは、議論をしている相手も、じつは自分自身とまったく同じ時代の同じ境遇を背負っているという認識に立つことだ。この考え方を起点とすると、すべての議論がまわりはじめる。

世界で一番読みやすい文字を探して

平等院ミュージアム鳳翔館の国宝などの美術品を閲覧《えつらん》していると、キャプション（説明文）が透明なガラスの上に白い文字で書かれており、かつ、文字が小さく読みにくいことに気づいた。弱視や高齢者のことを考えると、これはよくないと言わざるをえないと思い、宮城さんに聞いてみた。

「キャプションに関しても、ずいぶん議論を重ねました。本物の作品を見て何を感じるかということを大切にしたかったので、キャプションは極力少なくしました。もっと情報が必要な方には、一階のライブラリースペースにおいてあるパソコンで、膨大な情報を自由に閲覧してもらうようにしています」

キャプションは一次情報として最低限のものを、二次情報としての詳細な情報は別のところで、といった具合にすみわけ、何のための作品展示なのか目的に合わせて提供するという方法論は評価できる。また、実際には、わたしはこの博物館でキャプションをほとんど読まなかった。しかし、ここに限ったことではないが、文字が小さいため、その作品のタイトルすら読めない人がいるということには気づいてほしいと、わたしは宮城さんに言った。

文字の小ささとは別に、照明が暗いことが、いっそう文字を読みにくくしている。照明について、設計の際にどのような配慮がなされたか聞いてみた。

「仏様は、もともとろうそくの炎で見られていたので、その光を再現しようと試みました」

言われてみれば、会場全体がうす暗く、仏像などが、あわい光で照らされているので、独特の臨場感がある。そういう光のなかでは、ガラスに白い色の文字のキャプションスタンドもデザイン的には洗練されたものだ。

読みにくいのも事実であるが、こういったケースで、ただ単に弱視の人や高齢者の見え方を理由に、文字を大きくしたり、コントラストをつけるよう欲するだけでは、問題は改善されない。また一度つくったものを、新しくつくりかえるのには、お金もかかるし、資源のむだ使いにもなる。

いろいろな文化や価値観が交錯するなかで、知恵や工夫をこらす必要があるのは、宮城さんの問題だけではなく、まずは、デザインにかかわる多くの人たちである。

　工夫を積み重ねて、試行錯誤していけば、ろうそくの光のなかで、小さめの文字でも、光のあたり方などから、より多くの人に見やすい文字がつくれるかもしれない。そう思いながら、わたしは友人の山本百合子《やまもとゆりこ》さん(47)のことを思い出した。

　文字デザイナーである山本百合子さんの存在は、一〇年以上前から知っていた。当時、わたしは、より多くの人に見やすい広告を制作するために、いろいろな資料を集めていたのだが、彼女がやはり文字デザイナーであった彼女の夫といっしょにつくった、だれでもが見やすい文字に関する報告書を取り寄せて読んで、思わず息をのんだことがあったからだ。その報告書には、当時はまだ、それほど知られていなかった多くの人に読みやすい文字に関する知見や情報が満載されていた。

　直接面識をもったのは、二〇〇四年、あるユニバーサルデザインの勉強会に行ったときのこと。山本さんは、参加者全員に「わたしは、世界で一番読みやすい文字をつくりたいんです」と自己紹介をした。

　わたしが山本さんに、あのレポートを一〇年間大切にとっていると告げると、大変よろこんでくれて、その後、いっしょに仕事もするようになった。

「数字の6と9は、同じかたちをしているので、逆さにすると判別がつかない。ですから、逆さまにしてもわかるように、上下を組んだ文字をつくってみました」

逆さまにしても間違えることのない6と、9の文字見本を見せてもらうと、たしかに見やすい。次に彼女が開発した自称「世界で一番読みやすい、0〜9までの数字」を見せてくれた。「世界で一番読みやすい」というのはおおげさかもしれないが、こういった取り組みは人類の歴史への挑戦そのものにも思えてくる。

山本百合子さんと話をしていると、いままであたりまえだと思っていたことが、そうではないことに気づかされる。仕事柄、グラフィックデザイナーとはよく仕事をしているのだが、いままでつきあってきたデザイナーとは、指摘するポイントがことごとく異なるので、おもしろい。

0(ゼロ)とO(オー)の判別がつかなくて、困ったことは、だれにでもあるだろう。最近では、暗証番号、メールアドレスなどで、アンダーバーやハイフンなど、記号も複雑化しており、わたしたちのストレスを増やしているし、ちょっとした間違いが大きなトラブルにもなりかねない。

「一般の人は文字に興味なんかもっていないでしょう。でも見本を見せると、おもしろがってくれるし、自分にとって読みやすいとか読みにくいとか、はっきり意見を持っているんですよ。そういう意見を聞きだすことが、わたしの研究です。わたしは、〇・一ミリにこだわった文字をつくって、たくさんの人に見てもらって意見を聞いています。とっても地味だけど、そして、ほとんどの人が気づいてないけど、文字はだれもが毎日つかうから、とっても大切なことなんですよ」

知り合ってからしばらくして、二年ほど前にご主人の明彦さんが突然の心臓停止で亡くなったという話を聞いた。わたしが見たあのレポートに名前のあったご主人だ。ご主人と二人で、長年ユニバーサルデザインの文字を追究してきた山本さんは、いまでは夫の分も引きついで、二人の子どもを育てながら、だれにでも読みやすい文字を考え、学会などでも精力的に研究発表をしている。

山本百合子さんと，山本明彦さん

あるとき、山本さんが、見ても触れてもわかる文字を見せてくれた。フォアフィンガー研究会が開発した「浮き文字」である。わたしは、目をあけて見る前に、まずは目をつぶって触れてみた。すると、何が書いてあるか、触れることで知ることができた。

そんな山本さんが、いま取り組んでいるのが、パソコン上で文字をぼかしていくことで、弱視の人の見え方を体験することができるシミュレーション装置である。まだ試作段階だが、印刷物や、まちで撮った看板のサインといった写真などを、パソコン上でぼかして見ることができる。

ふだん気にしていないが、アルファベット、数字、漢字、カタカナ、ひらがななど、わたしたちはたくさんの文字に接して、暮らしている。毎日あたりまえのように読んでいる新聞の文字でも、広告も、パソコンの文字も、デザイナーがつくったものだ。

文字は、まちのデザインに溶け込んでいる。まちのカフェも、さまざまな看板も、Tシャツやコーヒーカップなどにも、文字が彩られている。文字はデザインのトーンを決める重要な役割を果たす。

しかし、それらの文字が弱視の人にどのくらい見やすいかは、多くの人が考えもしないでつくっているのが現状だ。山本さんが開発している装置は、弱視の人の目で見える世の中を映し出してくれる装置だ。

ユニバーサルデザインには、いまだに気づかないで見落とされている重要な問題がいっぱいある。しかし、こういう分野がすすんで、〝あたりまえ〟の基準が変わっていけば、平等院ミュージアムのキャプションなども見やすいものになっていく。

視覚障害者に必要な目薬のラベル

山本さんは、彼女がかかわった、「弱視の人向けの目薬に貼《は》るラベル開発」のプロジェクトのことを話してくれた。弱視者自身が、もらった目薬のパッケージが読めなかったら、せっかくの目薬が役に立たない。それでは、その対策を立てようということで始まった。そのプロジェクトは、ある製薬メーカーが中心となり、眼科医や研究者、当事者、デザイナーなど、さまざまな人が参加していたものだ。

そのプロジェクトは、当初は、弱視の人のためのプロジェクトだったが、考えてみれば、目薬を使用するとき、いっしょに住んでいる家族のものと間違えることは、だれにでもある。また、最近では、花粉症の薬と間違うことだってある。さらに緑内障を患う人は何種類もの目薬を使用しなければならないが、色が識別しにくくなっているので、きちんとした対応を考えなければならないことに気づかされたそうだ。

そのプロジェクトでは、最終的には自分にわかりやすいように、一人ひとりの見え方に合わせて文字の大きさが異なる「マイラベル」を、処方する際に書いて目薬に貼りつけるのがよい、と結論づけられたそうだ。さらに、その「マイラベル」に、ＩＣチップをつけることで、音声による情報提供が可能になり、視覚障害者に情報を伝えるなどのＩＴを活用した取り組みの必要性も課題にあがったという。

そう考えていくと、話は目薬だけのことではなくなってくる。たとえば、いろいろな薬の袋が、その服用方法を何でもしゃべってくれるようになれば、わたしたちも助かるし、高齢者にもうれしい。こういったことは、すでに技術的には可能だ。

とはいえ、家族がいてその人に直接薬を渡してあげられるのであれば、それがベストという人もいる。いろいろな選択肢がある。文字のユニバーサルデザイン(UD)から始まった取り組みも、そういった具合に、さまざまな領域に広がってくる。

文字の研究者は数多くいて、最近では、読書障害の人や、認知障害の人への読みやすい文字や文章などの研究もすすんでいる。

思えば、ワープロも、パソコンも、わずかここ二、三〇年程度で普及したものである。それまでは印刷物以外は手書きの文字が主流であったし、そもそも書の歴史は、数千年前にさかのぼる。明治生まれの祖母の達筆を、わたしは読めなかったが、祖母は同年代の知人と達筆で書いた手紙で頻繁にやりとりをしていた。その世代には、ワープロの文字よりも達筆の文字のほうが読みやすかったのかもしれない。

書家の書く字は美しく、その文字には心があると言われる。お経に記された漢字からは、特別なご利益《りやく》を感じるし、古くからある書のなかには国宝などの芸術作品も多い。それがアルファベットという記号的な文字にはない日本語の文化だ。文字のUDひとつとっても、議論は絶えないし、また結論もでないのである。

わたしも小さな文字を読むと、最近よく目が疲れるようになってきた。目が疲れない、または疲れにくい文字を開発してほしいと思うが、こういったことも、これからの文字のＵＤの課題である。

「どうして文字のＵＤをライフワークにしているのですか？」とのわたしの問いに、「道楽ですから」と笑いながら軽く答えるその言葉とは逆に、山本さんが背負っているものの大きさを知る。山本さんがライフワークとする文字のＵＤにかける思い、仕事への深いこだわりを見ていると、亡くなったご主人の分もがんばろうという使命感のようなものを感じた。

宮城さんは自分の疾患と関係が深いこともあって、平等院にいち早くＡＥＤ(Automated External Defibrillator)を設置した。心拍や呼吸が停止した場合、応急処置が早ければ早いほど救命率は高くなる。ＡＥＤは、ボタンを押せば心拍や呼吸が停止した人に必要な電気ショックを流すことができる機器で、愛知万博では、これが約一〇〇台設置され、実際に三人の命が救われたことで注目を浴びた。

秋に訪れたときにはなかったＡＥＤが、雪をまとった鳳翔館の一階に設置されていた。必要なときに救命措置ができるようにスタッフの研修もおこなっている。

そのＡＥＤがあれば、命を失うことがなかったのが、山本さんの夫である。

山本さんは、今でも毎週末に、心臓発作の突然死をなくすためのボランティア活動に参加している。悲しい思いを乗りこえて、人のために、自分が役に立つことをライフワークにしている人たちが、見えないところで、この世の中を少しずつ変えていっている。

カラーユニバーサルデザインを

心臓のペースメーカーを使用している人や、内部障害のある人など、外見からはわからない障害がある人はたくさんいるが、そもそも障害者として認定もされていないし、大きな社会問題化することなく、ずっと社会的に何らかの差別を受けていた人たちがいる。

「井上さんが小学生のときには、色覚検査があったでしょう」

あるテレビ番組の収録を終えて、わたしに話しかけてきたのが、プロダクトやパッケージのデザイナーとして多くのヒット商品を世におくりだしてきた武者廣平《むしゃこうへい》さん(53)だ。

色覚検査とは、一昔前まで一般的には、「色盲」または、「色弱」と呼ばれていた、先天性の色覚障害あるいは、色覚異常の検査のことだ。

武者さんの問いかけで、わたしは昔の記憶を思い出した。小学生のころ、身体検査があるたびに、「石原表」と呼ばれる図柄を見せられて、色覚障害とされる子どもだけが見つけることができる隠されたかたちを、大勢の前で言わされていた。

先天性の色覚障害には歴史的に差別があったと、武者さんは指摘している。

しかし、この色弱者の方々は、障害者手帳を持たない。いわば、社会が見落としていたゾーンである。

実際に、色弱のために、就職のときに不利になることがいまでもある。とても身近な問題であるのに、そのことをいままでの人生で見過ごしていたことに、ハッとした。

武者さんによると、色の感じ方が一般色覚者と異なる色弱者は、日本では三〇〇万人以上、世界では二億人を超えるそうだ。驚いたのは、色弱の人は日本人男性では二〇人に一人、つまり五％もいるということである。五％といえば、ＡＢ型の日本人男性の数に匹敵する。わたしもＡＢ型だが、マイノリティーという意識はない。それほどの多さだ。

「いま、問題なのは、色弱者に配慮されていないデザインが世の中に溢《あふ》れかえっていることです」

武者さんは、そんな問題意識から、二〇〇四年に新しく、ＮＰＯ法人ＣＵＤＯ(カラーユニバーサルデザイン機構)を立ち上げたと聞いたので、訪ねてみた。

「赤と緑は見わけにくくても、ブルー系の色あいはよく見えるというのが色弱者の特徴です。しかし、このブルー系は老人性白内障の人には黒っぽくなって見える傾向があるので、カラ

カラーユニバーサルの説明をする武者さん

ーユニバーサルデザインも一筋縄ではいきません。最近、駅などでよく見かけるようになったブルーのLEDサインは、電光表示板としては見やすいと評判がいいのですが、すべてをブルーLEDにしてしまうわけにもいきませんから、背景とのコントラストを含め、光源の多色化には配慮が必要です」

黒い文字ばかりでなく、色づかいに関しても、ユニバーサルデザインへの挑戦が始まっている。そういえば、少し前に地上波デジタル放送のリモコンのボタンの色が色弱者に識別しにくいという批判が広がり、リモコンのボタンの下に何色かという説明の文字が付け加えられたことを思い出した。

信号はどうだろう。緑と赤の判別が見にくいということであれば、色弱者は、日々非常に危険な状態に置かれているのではないかと不安になったので、武者さんに聞いてみた。

「色弱者の人には交通信号機の青緑を白っぽく感じる傾向がありますが、黄・朱赤とは明らかに異なるため問題はないし、三灯式の信号機は、左から青緑・黄・朱赤という順番にならんでいて位置情報を持っていますから、大丈夫です。問題なのは、一灯式の信号機です。夜間に黄・朱赤が点滅していたりすることがありますが、位置情報がないため、判断がしにくいという意見がありますす」

武者さんが、わたしに指摘してくれた例は、あげればきりがない。色弱者だと判別しにくいものの例には、世界各国の国旗もある。図柄がほぼ同じで、色合いだけが違う国旗も数多くあるからだ。そのほかにも、地図、地球儀、病院の床に描かれた導線のラインなど、色弱者にとって見にくいデザインは、世界中、まちのあらゆるところにある。

地下鉄路線図も、その一つ。しかし、多くの地下鉄が走る東京では、いかにわかりやすく路線図を配色しても限界がある。確かに、一〇以上の色を明確かつ短時間に識別できる能力を、だれもが持っているわけではないからだ。

ロンドンの地下鉄路線図がデザイン的に優れている話は世界的に有名だが、色弱者への対応になっているとは言えないそうだ。

さまざまな色覚のタイプを持つ人びとが同等の情報を受けられるように視覚的バリアをなくしていくためには、情報を発信する側の工夫が大切。色彩だけ伝えようとするのではなく文字や記号などを加えた視覚情報の複合化を図ることが重要であると、武者さんは提唱している。

最近、色弱者にも見やすいように考案されたチョークも販売されている。黒板は、濃いグリーンまたは黒だから、チョークの色によっては色弱者に見えにくいケースがある。このチョークを使用すれば、色弱者の子どもたちも含めて、より多くの子どもたちが安心して学校で学ぶことができる。

こういったチョークが普及すれば、色覚特性に配慮する必要もなく、また、それを知らせることもなく、だれもが授業に参加できる。同じ発想で、まちの色が、このチョークで描いたようなデザインになり、色弱者にも配慮されているような社会になればいい。

男性人口の五％を占める色弱者の人たちにとって、見やすい環境をつくっていくことは、これからのとっても大切なテーマだ。

いままで、見過ごされがちだったことを発見し、社会に新しい問題意識を投げかけ、それを解決する商品を開発している人がいると思うと、なんだかうれしくなってくる。

神社仏閣の、よき道案内人

「三千院は、お堂のなかまでは階段があって入れませんが、車いす専用のスロープがあるので南門というところから入って上まであがることができます。そうするとお庭や、不動像、観音像など、野外にあるものは見ることができます。多目的トイレもあるから安心ですよ。

北野天満宮は段差がないので、車いすでも正面入り口から入れます。高台寺は入り口に長い階段がありますが、その段差をのぼりきったところにある駐車場まではタクシーで行けますよ」

京都で、車いすを利用したり、杖《つえ》をついているお客様に、こんな対応をしているホテルのスタッフがいる。

ホテルグランヴィア京都で、ゲストリレーションズを担当している永瀬《ながせ》晶子《あきこ》さん(26)は、お客様のニーズをくみ取りながらサービスを変えていこうと取り組み始めた。

永瀬さんは、『ユニバーサルサービス』を読んで、わたしが講師をしたホテル業界の勉強会「宿屋塾」が主催するユニバーサルサービスの講演会に来てくれて知り合った。宿屋塾は、ホテルに従事する若い人たちで、これからのホテル業界を、よりよいものにしていくために有志で立ち上げたものだという。

訪ねてみると、さまざまなホテルの最前線で働く若者たちが、上司や先輩に聞いてもわからない障害者や高齢者への接客法を学ぼうと目を輝かせていた。とてもやる気のある人たちで、わたしの話を熱心に聴いてくれた。

ホテルでユニバーサルサービスを実践する永瀬さん

ユニバーサルサービスに取り組み始めてから、何か意識が変わってきたと永瀬さんは言う。まちでキョロキョロしている外国人を見かけると、自然に声をかけるようになったそうだ。
失敗談も、いっぱいあった。
車いすを利用する人に、「こっちのほうが、歩きやすいですよ」と言ってしまった。「移動しやすいですよ」と言えばよかったと気づいたときは遅かった。お客様は嫌な顔すらしなかったが、相手の状態や立場を考えたうえで、瞬時にご案内ができるようにしなくてはならないと反省した。ほかにもある。「〇〇まで、歩いてどのくらいかかりますか」と杖をついたお客さんに聞かれ、とっさに「ふつうの方で徒歩三分です」と言ってしまった。

あとで反省し、家に帰って考えてみて「ゆっくり歩いて、五分ですね」と言えばよかったと思った。言葉の使い方ひとつとっても、さまざまな配慮が必要だ。彼女たちは、そんな失敗談も共有しながら、ユニバーサルサービスに取り組んできている、現在は、理解のある上司を中心に、社内で「ユニバーサルサービス推進チーム」をつくり、会社の活動としてすすめているという。

永瀬さんの上司である「ユニバーサルサービス推進チーム」のチームリーダーをつとめる吉野《よしの》修《おさむ》さん(34)は、永瀬さんの情熱に動かされ、上層部へもユニバーサルサービスの取り組みの必要性を訴え、二〇〇六年の年頭訓示では社長が、ユニバーサルサービスの活動のことを取り上げるまでに至ったそうだ。

「今年度の事業計画の文書にも、人にやさしいホテルづくりの一端として〝ユニバーサルサービス〟の言葉が取り上げられました。社内での活動が、ある程度の認知度を得た結果だと感じています」と吉野さん。

しかし、お客様を相手に現場でがんばろうという若い人たちの気持ちと裏腹に、現実のハードルは高い。たとえば、ホテルグランヴィア京都への導線には、階段かエスカレーターしかない。

エレベーターもあるのだが、スタッフの同行がないと保安上の理由から一階には止まれないように設定されている。これらのハード的な問題は、このホテルが設計された段階からのものであり、いたし方のない部分もある。しかし、ソフト面を中心にどうにかお客様に満足のいくかたちで対応をしていかなければならないと、メンバーは悪戦苦闘中だ。

一方、こんなうれしい話も聞いた。永瀬さんが、杖をついている高齢のお客様から、「嵐山近辺で京料理が食べたい」という相談を受けたときのことだ。自分のお勧めの店は、店の入り口が階段になっている。そこには手すりがないし、エレベーターもない。どうしたものかと思い、思い切って電話をしてみると、「もしよろしければ仲居と二人で入り口でお迎えいたします。お手伝いさせていただきます」と言ってくれたそうである。

敷居が高いと一般には思われている京都の料亭でも、電話一本の問い合わせで、可能になることがある。そういうことを、彼女は、わたしに教えてくれる。

京都には世界各国、日本全国から観光客が来る。必要なのは、ホテルだけ、駅だけといった個々の対応のみでなく、やってくる人に必要なことを、まち全体、トータルで対応できるようになることだ。だれもが楽しく旅ができるよう、まちの人が協力しあって、素晴らしい文化財や美しい神社仏閣のよき道案内人となるといいと思う。

いろいろな人がユニバーサルサービスのバトンを手渡していく連携プレイが、どんどん若い世代の人たちにも広がってほしいと思った。

いつかは、こうなってほしいと思いませんか？

ホテルグランヴィア京都で重宝されている、特別な本がある。村田孝雄《むらたたかお》さん(72)が、一九九九年に出版した本『車イスでまわれる京都観光ガイド』(みんなでぬくもりのあるまちを創ろう会、代表 村田孝雄 著)である。村田さんが、みずから利用する電動車いすで神社仏閣を走りまわってつくった本だ。

村田さんは、一九八八年三月に突然、足が動かなくなった。

菌が脊髄に入って神経がやられる病気で、下半身が麻痺《まひ》になるカリエスを患い、障害者になった。当時五三歳だった村田さんは、入院生活の後、勤めていた会社には通勤できなくなり、駅から段差なしに通える会社に転職した。電動車いすで生活していくことは、あまりにも大変なことの連続であった。

そんな苦い経験をするなかで、自分の生まれ育った京都が、「行きたいところに行けない、したいことができない」まちであることに気づいた。それならば自分が、「行きたいところに行ける、したいことができる」まちづくりの活動を始めようと思った。

時代の追い風もあった。京都府が「まちづくり条例」をつくったのが一九九五年。同時に京都市が「まちづくり要綱」をつくった。それがきっかけで少し勉強をし始め、気づいたことがあった。「情報がないこと」だ。京都のバリアフリーをすすめたうえで、まずは、その情報を世の中に出していこうと思った。情報を伝えることで、人の役に立ちたいと思った。

「情報は東京発のことが多い。しかし地元の人が実際に目で見て体感し、気持ちも含めてつくり上げるということが大切だと思いました」と村田さんは、当時を振り返り、わたしに語った。

一九九六年に「みんなでぬくもりのあるまちを創ろう会」という団体を発足して、その翌年に、交通アクセスや車いす対応トイレの有無などの情報を「ぬくもり一号」にまとめて自費出版した。反響が大きかった。記念すべき第一号は、三〇〇〇部がみるみるうちに出ていった。それほどそういった情報が、いままでになかった。それ以来、何度も更新してきた。バリアフリーの活動も、まる一〇年目をむかえた。

京都のまちづくりに取り組む村田さん

その間、行政も動いてきた。一九九五年一〇月に「京都府福祉のまちづくり条例」が施行された。

京都市では、二〇〇〇年に、「公共建築デザイン指針」や

「道路のためのバリアフリーの手引き」において、二〇〇一年には「京都市基本計画」においてユニバーサルデザインの理念が盛り込まれた。二〇〇四年には、「建築物等のバリアフリーの促進に関する条例」を、二〇〇五年には、「みやこユニバーサルデザイン推進条例」を施行した。後者の条例では、京都市の施策への事業者、市民および観光旅行者その他の滞在者の参加を呼びかけ、協力を促進し、その意見を適切に反映することや、それぞれが対等の立場で協力し合い、大学および研究機関と連携しながら進めていくことなどを規定している。

二〇〇五年一二月には、条例の理念を実際の行動に橋渡しするための「みやこユニバーサルデザイン推進指針」が策定された。

有名な清水寺をたずねたときのことだ。急な坂道を登らなければならないが、清水の舞台、山にさしかかったあの高い境内まで車いすを利用して行くことができることを知り、時代の急速な変化を感じた。

村田さんによると、京都の有名観光社寺は、約二〇〇あるが、そのうち本格的にバリアフリー整備を実施したのは、三五になる。主なものは、階段などのスロープ設置を含む参拝通路の整備、車いす対応トイレの新設などだ。これらに従来から平たんなところ、別の入り口から境内に入ることができたり、入り口段差を解消して境内への経路を確保したところ約五〇を加えると、八五が建物内はともかく境内に入れて、社寺の雰囲気が味わえるところまで確認できたという。無論、そのなかには、村田さんの努力により、工事をしたところもある。

こういう人が、京都のバリアフリーを長年かけてすすめてきたのだと、わたしはそのとき初めて知った。わたしが何げなく見つけたスロープも、配慮された対応も、それに長年取り組んできた先人たちの努力の賜物である。

西本願寺では、お堂にあがるため、仮設の長いスロープとエスカレーターまでついていた。なぜかと思い聞いてみると、興味深い事実が、その背景にあることを知った。浄土宗や浄土真宗などの檀家が多いお寺さんは、とても対応がすすんでいる。その理由は、檀家さんに高齢者が多く、車いすを利用する人も多いので、檀家さんのニーズに対応をするためだというのだ。浄土宗だったら知恩院。お年寄りの参拝客が多いお寺さんは、自然にバリアフリー化が進むというわけだ。

京都には、仏教宗派の本山が多い。本山が中心となって建物などの修復作業をする。その際に、バリアフリー化をすすめるケースも多いそうだ。山間部は別としても、市内のいろいろな神社仏閣をめぐると、バリアフリー化が意外にすすんでいることがわかる。その背景にはマーケティングに近いものも見えてきた。

京都のお寺は、観光で主たる収入をとっているところも多いので、訪れる人に対する配慮には非常に敏感であると村田さんは指摘した。これは、非常にわかりやすい、一つのいいあるべき姿であろう。

しかし、檀家さんや信徒さんが求めれば、すぐ、スロープがつくという簡単なことではない。文化財保護法の指定も運用もさまざまで、持ち主や管理者の意向も関係する。神社仏閣とひとことで片付けられない、さまざまな宗派があり、それぞれの成り立ちも違う。そう単純な議論ではなさそうである。東京から観光気分で来たわたしには、その実情はわかりようがない。

わたしは村田さんに、気になっていたこと、平等院の鳳凰堂に車いすで入れないことを、どう思うか、を聞いてみた。

「それは、無理でも仕方がない」という返事が、あっさり返ってきた。

意外な顔をするわたしに、村田さんはこう付け加えた。

「京都の人は、京都で何が大切なのかは、わかっております」と言って、やや得意げにわたしに話を続けた。

「同じバリアフリー活動をしていても、文化財をいっぱい抱えているところと、そうでないところで活動している人とでは、やり方も違いますよ。鳳凰堂は、国宝の建造物ですから、文化財保存のために、西本願寺のように仮設スロープという手段はとれない。京都に生まれて京都という町に住んで、京都のことを知っていないと、わからないことが、そりゃあたくさん、ありますからね」

「たとえば、京都でまちづくりをするときは、どこかでユニバーサルデザインのまちづくりをしたとか、大型開発を担当した、なんて人が突然やってきて、勝手にやられては困ってしまいますよ」

村田さんは、東京からやってきたわたしの目をじっとみつめ、まるでわたしの京都での活動を牽制《けんせい》するかのようにそう語った。

「京都では、他県のように、〝まちじゅうでユニバーサルデザインの都市をめざします〟というような宣言は、似合わないと思うのですよね」と、村田さんはつぶやいた。

京都を旅していて思うのは、京都には、東京の人にはわからないことが多くあるということだ。五〇の神社仏閣を巡って、京都の人たちと語り合って、初めて気づいたことがある。京都がもっている京都の人たちの意識、まちのもともとの有り様、そこを尊重することなしに、何もすすめられない。

村田さんのように、京都のことをよく知る京都の人だからこそ、活動は継続し、京都の人たちに受け入れられたのだろう。

これから一〇年後、二〇年後、京都は、どうなっているべきか。地域の人びとのあいだで時間をかけ、バランスのとれた話し合いが必要なのだろう。もちろん、そこには外部の人も参加し、専門家の意見も取り入れるに越したことはないが、大切なのはそれらを取り込んでいく、すなわちインクルード（包括）していくことであって、それらに取り込まれること、それらに染まっていくことでは決してない。

そして、もっとも重要なのは、じつは、そのことは京都に限ったことではないことだ。京都はいわば、わかりやすい事例に過ぎない。同様のことが、あらゆる地域で言えるのである。

どんなまちにも地域にも、連綿《れんめん》と培われてきた文化がある。

どこも同じような個性のない地域に変わりつつあるが、高齢社会を迎えたいま、より多くの人が参加することによる自分たちのまちづくりを、改めて見直すべき時期が来ているのではないか。

地域の人が、まわりの人たちと調和し、同じ地域にいる一人の構成員としての自覚と責任をもって、みずから参加するまちづくりをすすめることが、自分たちの孫の代まで、よりよいまちをつくる大きな鍵となっている。

京都の事例は、ユニバーサルデザインをすすめていく本当の意味に気づかせてくれる。

「活動を始めたころは、門前払いされるところがほとんどでしたね。『変なやつが来た』と思われることも多かったですよ」

それでも理解者を探すことが大切だと思い、断られても、断られても、村田さんは神社仏閣に通い続けた。

そのような状況で、どうやって相手を動かしたのか。わたしは、その秘訣《ひけつ》を知りたくて聞いてみた。すると、「相手に自分の思いを伝えたいと思ったときに、このアイディアが思い浮かんだのですよ」と言って村田さんは、自分の名刺をだして、その裏側をわたしに見せてくれた。

「この名刺を見せるようにしたんです」

そこには、京都府福祉のまちづくり条例の前文の一部が印刷してあった。

私たちは、心身に障害があっても、高齢になっても、地域社会を構成する一員として、安心して生活を営むことができ、自らの意思で自由に移動でき、社会に参加することのできるまちに暮らし続けたいと願っている。

そうしたまちの創出には、施設や交通機関等の整備を進めるとともに、多様な人が互いを理解し、日常的に交流し得る地域社会づくりを進めるという両面からの生活環境の整備が必要である。

長寿社会を迎えた今日、このような生活環境の整備に当たっては、障害者や高齢者が暮らしやすいまちはすべての府民にとっても暮らしやすいまちであるという府民共通の認識の下に、取り組むことが重要である。

村田さんは、わたしがこの文書を読み終わると、わたしに優しく笑いかけながらこう言った。
「いつかはこうなってほしいと思いませんか?」と。

京都のソーシャル・インクルージョン

私は、その日、暗くなるまで平等院を見ていた。

平等院の背後に他の建物は見えない。この美しさを守るために、厳しい規制をしてきたからだ。池面に映る平等院の空には、何もない。何もないことが、平等院の美しい存在をあらわしている。

その平等院の影を見ていて、わたしは、このまま、このままの平等院を、寸分も違わない平等院を、わたしがいくつになっても、見ることができるように、そう願った。

現在の京都のまちは、一〇〇〇年を超えていま、ここにある。池面に映る平等院を見ていると、映し出された鳳凰堂が、昔の日本の文化や生活習慣と、いまのそれを垣間見ることができる鏡となって、わたしたちが気づいていなかったことを教えてくれているように思えてくる。

地域を大切に育んできたところでは、人びとはみずからに誇りをもって暮らし、外から来た人に、そのよさを伝えることができる。

平等院は、仏の救済が平等ということを意味することから、そう名づけられたという。「極楽いぶかしくば、宇治の御寺をうやまへ」とうたわれた平等院鳳凰堂。藤原氏が現世に極楽浄土を再現しようとして建てられたもので、本尊の阿弥陀如来は、金色に輝き、壁面では雲中供養菩薩が舞う。そこには、現世での苦労が極楽浄土で報われたいという人間の祈りで満ち溢《あふ》れている。

すべての人が等しく平等であるべきだという考えが、歴史や宗教の違い、政治や考え方の違いをも超え、現代にまで、語りつがれていることを改めて考えると、いま、平等院に世界中からさまざまな人、障害者や高齢者が多く訪れるようになってユニバーサルデザインへの取り組みを始めていることが、わたしには、単なる偶然には思えない。

戦争前後で荒廃した平等院を修理したのは、宮城さんの祖父の代の偉業であった。宮城さんは、ITやユニバーサルデザインが叫ばれ、大きな変化の風が吹き荒れている時代に平等院の管理を引き継いでいる。

その宮城さんは、障害のために、「見えないところにいろいろなバリアがあることを、思い知らされて育った」と言っていた。だからこそ、人の抱えるバリアにも敏感なのだろう。「世の中の矛盾は自分で体感をしていますから」と、彼は何度かわたしに言った。その言葉の意味することを、もっと掘り下げて考えてみたいと思った。

彼が背負っているものは、とてつもなく大きい。しかし、背負っているものが大きいのは、実は宮城さんだけでない。京都の人がみな背負っているものでもあるし、日本に暮らす人がみなで背負っているもの、もっと言えば、世界中の人が背負っているものだ。

わたしは、京都の旅の帰路につき、時速三〇〇キロ近い速度で、新幹線に乗り移動していた。ほんの少し前の時代には、新幹線も携帯電話も心臓ペースメーカーも夢物語にすぎなかった。国宝となった文化財も、そこを訪れる人たちも、技術やＩＴの発展も、日本の少子高齢化も障害者の社会参加していくための課題も、すべてが、同じ社会で、互いに複雑に影響をしあっている姿を見た。

わたしの胸に、ふと、京都の寺院で見聞きした、数々の絵巻物が浮かんだ。高台寺の曼荼羅《まんだら》には、世の中の万物が描かれており、そのまわりは、宇宙をあらわす鮮やかな群青色で染まっていた。すべてを包み込むのが、その群青、すべての人はそのなかに包まれていた。

日常生活をしていて、あまり意識して考えることもないが、時間も空間も越えて、激しく移り変わり、さまざまな価値観が交錯しているのが、いまの世の中だ。そんななかにあって、だれもが、見えないバリアを見ることができるようになる方法はないか、さまざまな矛盾や偏見、誤解でねじれてしまった結び目を、解いていく仕組みはないか……。

わたしの頭のなかで、一つの言葉が思い浮かんでいた。「ソーシャル・インクルージョン」という言葉だった。

わかる？わからない？

わたしたちのまわりに「わからない」がいっぱい

70
イチなの
ナナなの？オーなの？
ゼロなの？丸なの？
で、どこの国？
色がないとわからない

障害があるって見てわかる？

ココ
ここ
どこ？
どこ？
色がついてないけど場所でわかるかな。
じゃあ、この点滅信号は？
伝わってる？
わからん
エー
エレベーター
開
閉
急いでなくてもまちがえる
ハラへったってわかる？
ワン

第二章
スポーツを通じてのソーシャル・インクルージョン

見えないボールを打つ

視覚ハンディキャップテニスを体験する

障害者のスポーツは枚挙にいとまがない。たとえばパラリンピックの公式スポーツは、二四種類もある。

〈夏季〉

陸上競技、自転車、卓球、車いすテニス、シッティングバレーボール、車いすバスケットボール、視覚障害者五人制サッカー、脳性麻痺者七人制サッカー、ウィルチェアーラグビー、柔道、射撃、馬術、水泳、セーリング、アーチェリー、車いすフェンシング、ゴールボール、パワーリフティング、ボッチャ、ボート

〈冬季〉

アルペンスキー、ノルディックスキー、アイススレッジホッケー、車いすカーリング

しかし、障害者だけではなく、だれもがいっしょに楽しめるスポーツはと聞かれると、思いつくものが少ない。また、視覚障害者が楽しめる球技も、フロアーバレーボールや盲人野球、盲人卓球などが全国大会も開かれており有名だが、いずれも宙に浮くボールを打つのではなく、ボールを転がしてプレーするものである。

埼玉県立盲学校の幼稚部の教諭である松居《まつい》綾子《あやこ》さん(44)から、空中に浮いたボールを打つ視覚ハンディキャップテニスの話を聞いて驚いた。視覚障害者が二次元ではなくて、三次元でテニスボールを打つスポーツだというので、わたしは、そのテニスをどうしても見てみたくなった。聞くと、そのテニスは、晴眼者でも参加できるという。それならばということで、わたしは、視覚ハンディキャップテニスの練習に参加するため、練習場である埼玉県立盲学校の体育館に向かった。

川越駅につくと、埼玉視覚ハンディキャップテニス愛好会の事務局でもある松居さんが、車で迎えに来てくれていた。

「一二年前に、ここに引っ越してきたとき、近所に学校があったのです。その学校が盲学校ということすら知らなかったのですけど、小学校の教員として働いていた経験と養護学校教諭の免許があったので、埼玉県立盲学校で働くことになりました。週末の点字講座に、たまたま参加したことがきっかけでした。本当に偶然なんですよね」

盲学校で働き始めたときのことを松居さんは、車のなかでこう話をしてくれた。

「初めて盲学校を訪れたとき。最初に感じた子どもたちの印象は、どうしてこんなに小さい子どもが多いのだろうということでした。五〇〇グラムで生まれてきた未熟児網膜症の子どもがいることを知りました。人生のスタートが、五〇〇グラム。それでも少しずつ成長して三つで初めて歩けるようになったという子どももいます。

お母さんに生まれたときの写真を見せてもらったときには、正直驚きました。片手にのるほどの小さな赤ちゃんでした。〝よくも、ここまで大きくなりましたね！〟と、親御さんの前で思わず声を出してしまったことがあります」

現在、松居さんは、教諭として、三歳の子どもをみている。どうしてこのテニスを始めるようになったのか聞いてみると、こう答えた。「日々、子どもたちと接していて気づいたことがありました。運動が苦手なのは、じつは、できないのではなくて、経験がないからだということです」。なるほど、〝障害者はできない〟と決めつけてしまうことが、小さい子どものときからあるという。

「盲学校の運動の時間には走ることも教えています。一般的には子どもにどうやって走るのかは教えませんよね。でも、盲学校では、走るといっても、どうやって走ればよいかを教えることが必要です。そのために、走る先に音源を出したり、ひもを持って走ったり、といろいろやっていますが、汗をかくまで必死になって長く走ることは、とてもむずかしいのです。でもテニスの場合は、コートにプレーヤーしかいないから衝突の危険がないし、限られたスペースを動くだけだから安心なのです。たまたまなのですが、わたしは、中学時代からずっとテニスをやってきたので、これだ、と思いました」

松居さんは、目の見えない子どもたちと共有した経験のうえに得意のテニスを活かしている。わたしは、うなずいた。

「大人向けの『川越ファンキーズ』は、一九九八年に発足しましたが、二〇〇三年四月、PTAで幼稚部のお母さんたちと話をしていたら、『うちの子にもテニスをやらせてみたい』と言われたので、リトルファンキーズをつくりました」

リトルファンキーズには、現在、埼玉県立盲学校の幼稚部、小学部に通っている子どもたち、幼稚部を卒業して、地域の小学校、養護学校に通っている子どもたちが来ている。

「今日は大人だけでなく、リトルファンキーズの練習も見ていってくださいね」と言われたので、子どもたちのテニスも見ていくことにした。

ユニバーサルデザインのテニスコートとは

練習場である埼玉県立盲学校の体育館に着くやいなや、わたしは驚きのあまり思わず「おお」と声をあげてしまった。目の前では、アイマスクをした男性二人が、激しくテニスの打ち合いをしている。

話には聞いていたが、まったく目が見えない状態で、前後左右に激しく動きながら、バウンドしたボールを小さなラケットに命中させて、しかもネットを越え、コートのなかに入れる、そしてそのボールを打ち返す。そんな奇跡的なことができることに、呆然として、しばらくのあいだ、目を奪われた。

いつも見ているテニスとは、まったく違った迫力がある。わたしはなんともいえない不思議な気分のまま、しばらく試合を見守った。

どうして見えないボールを打つことができるのか、そこには秘密があった。

直径九センチのスポンジ状のボールのなかにはピンポン球が入っているが、そのピンポン球のなかに小さな鉛の粒が入っているため、バウンドすると音が出る。視覚障害者は、この音を頼りにボールを打っている。

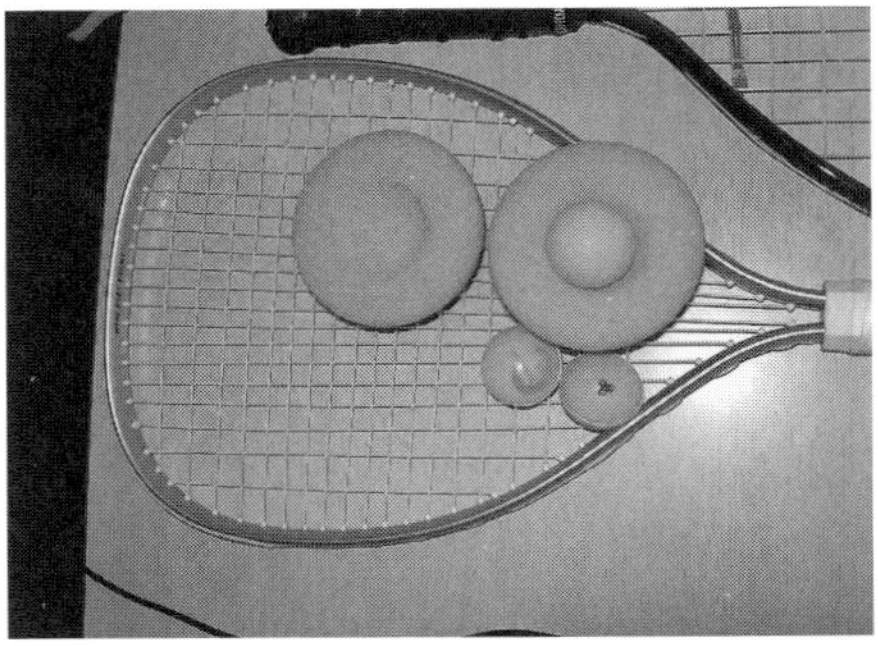

スポンジ状のボールのなかには，ピンポン球が入っている

通常のボールは黄色だが、黒いボールもある。黒いボールは弱視の人のために使用が認められており、サーブする人が黄色か黒かを選択できるそうだ。いろいろな人に配慮されている。当然といえば当然だが、こういった配慮がさすがである。

プレーヤーが、走った後、不思議な動きをしている。コートのラインにはテープが貼《は》られており、そのテープの凹凸にラケットや足をこすりつけてセンターラインを確認している。正式の試合では、たこ糸の上にビニールテープを貼ったものを使うそうであるが、だれでもつまずいて転ぶことのない一ミリの段差になっている。このコートは、より多くの人に配慮したユニバーサルデザイン設計だ。

学生時代に多少たしなんでいた程度で、テニスをするのは久しぶりだ。自分の番に備えて、わたしは体を少しストレッチした後、ラケットの上でボールをこんこんと打つ練習を始めた。

通常の硬式テニスの三倍ほどもあるボールがカラカラと音をだすのでおもしろがっていると、突然注意された。

「すいません、静かにしてください」

大きな声がしたのでそちらを見ると、プレーしている人たちが手を休めてわたしに声をかけている。わたしはハッとした。

ボールの音が聞こえないとプレーができないのだ。体育館の音が反響する空間で、視覚障害者は、ボールの音に意識を集中させている。そんななかでわたしが音をたてたため、彼らのプレーをとめてしまった。わたしは赤面し、申し訳ありませんと言って、ボールが音をださないように、そっとボール入れのなかにしまった。ユニバーサルなコートには、わたしの知らないルールがある。

体育館に入ってきたときの興味本位な気持ちがおさまり、ルールを知らないわたしはやや緊張し、自分の順番を静かに待った。

わたしの順番がまわってくると、最初からアイマスクをつけてプレーするのはむずかしいと言われたので、まずはアイマスクをしないでやってみた。

わたしからコーチに向かって球出しをすると、コーチはその球を追いかけずに、「球を出す前には〝行きます〟と言って、相手が〝はい〟と返事をしてからボールを打ってください」と言った。なるほど、視覚障害者には音声で伝えなくてはならないと本にも書いてきたわたしだが、そういった配慮ができなかったことに、またもや赤面した。

一般のテニスは、ノーバウンドかワンバウンドのボールを打つのがルールだが、このテニスは視力の程度によってバウンドの数が異なる。全盲の人がプレーする場合は、ボールを三バウンド以内で打ち返す。また弱視者の場合は二バウンド。ダブルスの場合、晴眼者が続けて打てるのは二回までなどのルールが定められている。

しばらくコーチとストロークを打ち合った。あまりに相手が上手なので、晴眼者だと思っていたが、この学校の専攻科の学生で弱視の人だと、あとで聞いて本当に驚いた。それならそうと早く言ってほしかったが、考えてみると、見えるとか見えないとか、見えにくいとか、そういうことはここでは関係ないから、言う必要もないのだ。そもそも彼がコーチだというのもわたしの勝手な思い込みで、彼はコーチではなかった。木村優輔《ゆうすけ》さん(20)は弱視者の全国チャンピオンだそうだ。

日ごろの運動不足もあって、短い時間でとても体力を消耗したわたしは、ベンチに力なく座り込んだ。わたしは、そうやってこのテニスの世界のことを体で感じた。

知らなかった「勝つ」という経験

「テニスを始めるまでは、勝つということを知らなかったんです」

埼玉視覚ハンディキャップテニス愛好会の代表を務める山本栄治《えいじ》さん(50)は、練習を始める前にウォーミングアップをしながら、わたしに話しかけてきた。

「運動会のかけっこは、いつもビリでね。子どものころからずっと、どんなスポーツでも負けることしかなかった。運動はとても苦手だったんですけどね。テニスを始めてから、初めて勝つということがどんなことなのか、わかったんですよ。勝つという感覚って、いいですね。試合で勝つと本当にスカッとします」

よく日焼けした顔、筋肉質の腕でラケットを素振りしている姿は、どこからみてもスポーツマンだ。かつて運動が苦手だったとは思えない。

「盲学校には、スポーツが不得意な子どもが、やはり多いんです。だからこそ、大人たちが、激しいスポーツをしているところを示して、『やればできる』ということを若いうちから知ることが大切です。ですから、わたしはこの体育館で朝から毎日練習をしています。自分にもいいし、子どもにもいいので、最高ですよ。ハハハ」

山本さんは、うれしそうに笑った。

「井上さん、あとで勝負しましょうね。さて、それでは行ってきます」

大人たちが目の前で激しくボールを打ち、試合が進行していく様子を、子どもたちは音や空間の広がりから感じとっている。

わたしも目をつぶると、広い体育館に響き渡るボールがバウンドする音、シューズが床にこすれる音、掛け声、息切れした声、激しいスポーツがみえてきた。

視覚障害者は、生まれたときから激しく動きまわる機会が少ないが、ここに来ている子どもたちは、小さなころから身体を動かし、やればできることを知る。山本さんが味わった〝勝つ〟という感覚も若いうちから味わうことができる。

誰だって最初からできる人なんかいない。最初から勝てる人もいない。どんな人でも、苦しい練習を乗り越えて、初めて自分に自信をもつことができる。そして、努力を積み重ねて相手以上の力を身につけて、初めて勝てる。苦しい思いがあったからこそ、結果が出せたときに人はうれしいし、そのときに人は大きく成長する。それは障害には関係がない。しかし、勝つためには、その人の可能性、その人がやればできるということを本人に伝える環境や人の支えが必要だ。

そう考えていくと、目の前にあるユニバーサルデザイン設計のコートは、スポーツをするだけのコートには見えなくなってきた。地域社会全体に、このようなコートが必要なのではないだろうか。

このようなコートをもっともっと、たくさんつくることができないか、そんなふうに考えていた。

ミックスダブルスに挑戦する

そんな物思いにふけっていると、「井上さん、それではミックスダブルスをやりましょう」と松居さんから、声がかかった。ふつうミックスダブルスは男女だが、ここでは、見える、見えないでわけるという。山本さんと松居さんがペア、木村さんと私がペアという具合に、目の見えない人と見える人がペアになるのがルールだ。このユニークな仕組みに、このテニスを考え出した人のただならぬ意図を感じた。その人に会ってみたいと思った。ともあれ、今度は失敗をしないように最初からルールを聞くことにした。

「井上さんはわたしの目の代わりになって、ボールが向かって来る場所の指示を出してください。右のほうにボールが来たときは『フォア』、左に来たときは『バック』、そういう具合に言ってくれれば、走ります」

中央が山本さん，右が松居さん，左がテニスをいっしょにしている内田さん

アイマスクをつけた木村さんは、そう教えてくれた。

「どこまで役に立てるかわかりませんが」と答えるわたしに、「大丈夫、音でだいたいわかりますから」と言いながら、木村さんは、すでに松居さんからきたサーブを思い切り打ち返していた。

激しい試合が続いたシングルスとは違って、ミックスダブルスはお互いがフォローしあいながら、とてもなごやかにすすんだ。わたしも楽しめたので、いままで以上に、みんなと仲よくなれたような気がした。スポーツは人と仲よくなる、いい手段だ。

山本さんと松居さんは、ミックスダブルスではいつもペアだという。

「山本さんに見えていてわたしに見えないものがあると、いつも感じています。当然、その逆のこともあります。山本さんとは、できることをお互いがやるだけという、本当の意味でのイコール・パートナーです」

松居さんは、スポーツウーマンらしく、さわやかにそう言った。

支える人の輪

「一人ひとり見え方も違います。ですから、見える子たち、弱視の子、全盲の子では、練習方法をまったく変えています。たとえば、ラケットの振り方も、全盲の人だと下からすくい上げるように振るなど全然違ってくるんです」

七年間無償で子どもたちにテニスを教えてきたコーチの日吉《ひよし》れいこ子さん(53)は、そう言った。

「最初のころは、実際に自分がアイマスクをしても、聴覚が人より優れているわけでもないので戸惑いました。弱視の人がアイマスクをしたときに、弱視と全盲では、感覚が全然違うと言っていたのです。どう違うのか、そういったことが十分にわからないので悩んだこともありました。今でも、教え方にはこうすればいいという答えはなく、試行錯誤でやっていますが、想像力を働かせるようにしてから、教え方がうまくなったと言われるようになりました」

そういう言葉の端々から、プロのコーチとしての姿勢がうかがえた。

「生まれつき目の見えない子どもたちは、たとえばサーブを打つという動きを、理解することがむずかしいんです。映像などでサーブをする行為を一度でも見たことがある人は、頭のなかでサーブがどういうものなのか学習できますが、そういう経験がまったくないと、どのようなフォームでラケットを振りまわせば落ちてきたボールに当たるか、そのイメージをすることが、まず、できない。そもそも、ボールを投げるという動作は日常生活ではしないからむずかしい。ですから、サーブを打つ動作も、最初はゴムホースをラケットのかわりに投げることから練習させています。そうすることで、サーブをする感覚をやしなうことができると言われています」

「お母さんたちが、兄弟たちも連れて来てくれるので、輪が広がりました。本当は、見える子も見えない子も、いっしょにテニスができればよいのですが、はじめからそういうわけにもいかないので、最初のころは、体を動かすことからはじめようと思い、まずはボールと遊ぶ、次は、ボールを取るということを一人ずつやりました。みんなで楽しく、いっしょに楽しめるような簡単なゲームもつくりました。

子どもに教えると同時に、親にも教えました。家族でいっしょに練習をすることから始めるとよいと思ったからです。親には球出しの練習です、親がいい球出しをできるようになれば、子どももうまくなります。本当に、その都度、みんなといっしょに考えながら、やってきました」

「当たった！　当たった！」

体育館に少女の甲高い声が響いた。目の前では、小学五年生の長谷川《はせがわ》紗希《さき》ちゃんが、飛んで来たボールをラケットに命中させていた。高校生のお姉ちゃんといっしょにテニスができるようになりたいと思ってテニスを始めた紗希ちゃんは、今日で、テニスの練習は五回目。上達が早い。

そのときの紗希ちゃんの表情は、とてもうれしそうだった。コートに立ったとき、だれでも最初は足が動かないという。しかし、徐々にボールに対して反応をしてくる。つぎに、ボールというものの動きをつかんできて、初めてラケットに当てることができるようになる。最初はボールを遠くには飛ばせないが、少しずつ飛ばすことができるようになっていく。そういうことをくりかえしていくことで、そこを支えている、いろいろな人が同じ一つの気持ちになってくる。

子どもたちが、何かに挑戦して、すこしずつできるようになっていく姿を見ていると楽しい。ここでは、子どもの笑顔を見ることができるし、親の笑顔も見ることができる。コーチが親にも教える本当の理由が、わかったような気がした。

ボールがやわらかいから、障害が重い子どももボールとふれあうことができるし、テニスをしなくても、ボール投げだけでも楽しめる。歩くことができない、言葉をしゃべれない子どもでも、ボール遊びを楽しむことができる。だれもが家族といっしょに楽しめるところ、それがこのユニバーサルデザインのコートだ。このコートは、体育館があれば、どこでも、だれとでもできる。一人ひとりのニーズに合わせた指導をしているから、みんなが集まってくる。

このテニスに通うことで、大きな声で挨拶をしたり、練習が終わってお礼を言ったりといった日常生活に必要とされるマナーもできるようになるという。目が見えるわたしだって挨拶をするタイミングは、相手の顔色を見るなど視覚情報に頼っているところが多い。目が見えない子どもたちは、どこに、だれがいるかわからない状態で、どのタイミングで声を出して相手に挨拶をしたらいいのか、判断しにくいに違いない。にもかかわらず、多くの子どもたちが、わたしにきちんと挨拶をしてくれた。

午前の練習を終えると、その日に予定されていたクリスマス会が教室で始まった。松居さんが電子オルガンでクリスマスの歌を演奏し始めると、子どもたちがいっせいに歌いだした。元気で楽しそうな歌声が教室いっぱいに満ち溢《あふ》れた。歌が終わると、大人や子どもたちの笑い声が教室に響いた。

この笑い声に障害も年齢も関係ない。みんなが理屈ぬきに楽しんでいる。考えてみれば、どんな人でも小さな存在。でもここに来れば、たくさんの仲間がいる。障害のある子どもたちも、その親たちも、人一倍悩みもある。でも、いちいち悩んでなんかいられない、いや、悩む必要もない。

いろいろな悩みをなくしてくれるのは、目の前にある楽しいことに気づくことだ。楽しさに気づかせてくれるのは、まわりの人たちの輪。そこにはサポートするという意識もされるという意識もなく、同じ時間と空間を楽しく共有している輪があるだけ。だれもが区別なくその輪の一員であり、それぞれが一員として存在していることで輪ができている。

こういった輪のなかで、少しずつ子どもたちが育っている。小さな輪だけれども、こういった「ソーシャル・インクルージョン」の小さな人の輪こそが、これからの地域を活性化させていく。

山本さんも、木村さんも、みんなといっしょになって声を出して歌っている。わたしも歌った。今日は、いろいろな人から、とてもいいことを教えてもらった。そう、人からもらうものってものすごく大きい。同じ空間で相手が大切にしている価値感に共鳴すると、お互いに刺激しあって、その輪を広げて、もっと大きな輪に育てていくことができる。

いっしょに野球がしたかった

この視覚ハンディキャップテニスを考案したのが、武井《たけい》実良《みよし》さん(38)だ。いまから二〇年近く前に、武井さんが埼玉県立盲学校の生徒だったときのことだったという。どんな人か知りたくなったので会いにいった。

一歳で悪性腫瘍を患い全盲になったが、物心がついたころからスポーツが好きだったという。武井さんの兄弟は男ばかりの四人兄弟。実良さんも野球が大好きだったので兄弟でよく野球をした。兄弟たちは実良さんに「打てないから投げろよ」と言ってくれたので、実良さんはいつもピッチャーだった。

しかし、小学校三年生になるころから、目が見えなくては、試合には参加できないことに気づいた。もちろん兄弟たちが、自分に合わせて遊んではくれる。しかし、目が見えなくては打てないし、走れない。投げることはできてもコントロールはよくない。親や兄弟は、実良さんを仲間はずれにしたくないから、野球にさそってくれた。でも、みんなの足をひっぱるくらいなら仲間に入れてもらわないほうがいい。外では子どもたちが、大きな声をだして、野球をしたり、公園で駆けまわり遊んでいる。どうして、自分だけ目が見えないのか、どうして、みんなといっしょに遊べないのか、神様を恨めしく思った日もあった。

しかし、実良さんは、当時からあることを確信していた。運動には自信があったので、音がでるボールがあればボールを打てると思った。いつかかならず、目が見えなくてもできるスポーツをつくる――幼いころから実良さんは、そう自分に言い聞かせていた。

中学生になるころから、テニスに興味をもつようになった。そのころからテニスができるようになるのが夢になった。体も大きくなって、体力もついてきた高校二年生になったある日、プラスチックボールに、小石を入れてみると小さな音がでた。「これならテニスができる」。そう確信して、武井さんが在学していた埼玉県立盲学校で、テニスの練習を始めた。練習を重ねるうちに宙を浮くボールが上手に打てるようになった。

練習をしていたある日、たまたまそこに来ていた、車いすテニスを推進している団体の役員が、全盲の武井さんがボールを打っているのを見かけた。その人は全盲の生徒が、宙に浮いたボールをテニスラケットで打つ姿を見て感銘を受け、関連団体のキーマンなどにも紹介することを武井さんに約束してくれた。

しだいに、武井さんの考案したこのテニスに、賛同者が集まってきた。みんながその試合を見て、なんともいえない感動を覚えたという。多くの人には、そこに武井さんの少年時代からの夢が重なって見えたに違いない。

所沢市にある国立身体障害者リハビリテーションセンターにおいて、本格的な練習が始まり、一九九〇年一〇月には、第一回視覚ハンディキャップテニス大会が開かれた。

どんな人の心のなかにもある、夢をかなえたいと思う気持ち。決してできないと思われることだってかなうことを、多くの人が感じたのだろう。現在、競技者は、三〇を超える都道府県に広がっている。

二〇〇六年は、一六回目の全国大会が開かれ、武井さんは、優勝した。いまは日本視覚ハンディキャップテニス協会会長をしている。

「スポーツを通じて、みんながいろいろな人とコミュニケーションをとれるようになればいい。みんなが自分の可能性を広げることができると思います」

彼も、みずからの苦い経験をばねにして、できることから社会を変えていこうという旗手だ。

彼が代表を務めるクラブは、練習をする際、当初は、盲学校や障害者施設の体育館だけを借りていたという。「視覚障害者ですが、テニスをするので、体育館を貸してください」と言うのがおっくうだし、相手が理解を示す人とは限らない。視覚障害者ということだけで、何の事情も知らない人から〝安全性〟を理由に、貸してもらえなかったこともある。そんな経験から、障害者関連の体育館を利用していたのだが、あるときたまたま、地域の小学校の体育館を貸してもらってテニスをしていたら、小学生たちが「おにいちゃん、すごいね」と言って話しかけてくるようになった。いまではお母さんたちも見に来てくれるようになった。

それ以来、特別な体育館を借りるのではなく、ふつうの体育館を借りたいと思った。いろいろな人と接触することで、多くの人に自分が考案したスポーツを知ってもらうことができる。そして、より多くの人といっしょにスポーツを楽しむことができる。

障害者は障害者専用の場所で、という発想を超えることが、周囲の人にも求められる。

直視できなかった制服

武井さんの話を聞きながら、わたしは、友人の成田真由美《なりたまゆみ》さん(35)のことを思い出した。「仲間に支えられたから金メダルをとることができた」と、わたしに話をしてくれたのが、アテネパラリンピックの水泳で、七つの金メダルを取得した成田さんだ。

成田さんは、一三歳のときに突然、脊髄の病気にかかり足が不自由になった。小学校のころのあだ名は「チョモランマ」、「ジャンボジャンボ」だった。身長が一七四センチもあったからだ。スポーツ好きな成田さんは、一三歳の中学校一年生まで、みんなと同じように学校に通っていた。

「まさか私が車いすの生活になるなんて考えたこともありませんでした。中学に入ってからも陸上部とバスケット部に所属するスポーツ少女だったのですが、中学三年生から入院生活になったんです」

病院のベッドで、将来思い描いていた夢、ごくふつうに暮らしていく夢すら音をたてて崩れていくように感じた。いつから学校に行けるかもわからない、このままずっと病院での生活が続くかもしれない。病気が悪化して死んでしまうかもしれない。おさえようのない不安が毎晩おそってきて、眠れない日が続いた。

学校の友だちが病院に見舞いに来たが、会うことができなかった。真新しい高校の制服を着て見舞いに来てくれるその制服姿を、直視することができなかったからだ。

いま思えば、遠い病院まで来てくれたのに、友だちはどんな気持ちで帰路についたのかを考えると、素直に会えばよかったと思うのだが、中学生という多感な時期でもある。自分のことだけで、精いっぱいだった。

友だちに会えなかったその日、自分だけが、取り残されていく気がした。勉強からも、部活動からも、友だちとのたわいもない遊び、ふつうの生活、すべて病気にうばわれていってしまうと思った。

お母さんにやさしくされると余計に腹が立ち、お母さんにあたった。どんなにひどいことを言われても怒らない母を見て、やるせない気持ちがつまり、見せまいと思っていた涙を母の前で見せてしまった。いま思えば、母も父も姉も、家族はとても辛《つら》かったのだと思う。

ある日のこと、同じ病院に入院していた幼い子どもが亡くなった。不治の病でも一生懸命にリハビリをしていたのに、親も、必死になって病気をなおそうと努力していたのに、その子は亡くなってしまった。

その子が亡くなった日、まだ若いお母さんとお父さんのすすり泣きが、ずっと病院に響きわたっていた。

成田さんは、その子と交わした言葉や表情を思いだした。「まだ、小さな子どもなのに」。せつない気持ちがこみ上げてきた。

そのとき、成田さんはあることを自分に約束した。わたしは、その子にくらべればずっと年上だ。弱音ばかりはいていないで、がんばろうと。親にあたることもやめて、友だちとだって会って、まわりの人を勇気づけられるほどの人間になろうと。

その日から、懸命なリハビリが始まった。死んでしまったその子の分も生きようと、それから一心不乱にがんばってきた。

二三歳になって水泳を始め、仙台で水泳大会に参加して大会新記録を出し、金メダルをとった。

水泳という新しい人生の目標に向かって、まい進しようと思った、その日の帰り道のことである。前向きに、一生懸命に生きようという気持ちを逆なでするかのように、辛いできごとが、また起こった。高速道路を運転していると、後ろから居眠り運転の車が追突をしてきたため、成田さんは、今度は交通事故にあった。救急車で運ばれ、意識がもどると、足も、手も、まったく動かなくなっていた。そして頸椎損傷になったことを知らされた。

目の前が真っ暗になった。なんでたった一度の人生で、自分だけが二度も障害をおわなければならないのか、あまりのひどい仕打ちを嘆いた。

しかし、成田さんは、今度は立ち直るのが早かった。障害者スポーツを始めてから、不屈の精神をもった仲間たちが、成田さんのまわりにいっぱいいたからだ。たくさんの友人たちがお見舞いに来てくれた。今度は、みんなと会ってお互いを励ましあった。

「またいっしょに泳ごう！」

それが合い言葉になった。成田さんは、一人じゃなかった。たくさんの仲間たちが、成田さんをとても力強く支えていた。そして、大きな目標が生まれた。パラリンピックに行くことだ。そしてメダルをとること。メダルをとることで、いままで無償で自分を支えてくれた家族や友人に恩返しをすることだ。

事故から一〇カ月。成田さんは驚異的なスピードで回復し、再びプールに入っていた。

車いすを利用する成田さんをこばむ差別やバリアは、スポーツの世界にもたくさんあった。民間のスイミングスクールに入会したいと思ったときのことだ。電話で車いすだと言うと入会を拒否された。

「うちはお断りをしています」、「ほかをあたってください」、「何で車いすで泳いでいるんですか」と言われた。電話をがちゃんと切られたこともある。憤りを覚えたが、そんなことでへこたれるほどやわじゃない。

六カ所断られたが、七カ所目に電話をして、いままで六カ所も断られたことを話すと、いまのコーチが、「同業者として恥かしい」と言って、スクールに入会させてくれた。そこからコーチとの二人三脚が始まった。金メダルへの道は、そうやって開かれた。

傷だらけの金メダル

成田さんといっしょに広島に行ったときのことだ。成田さんは、飛行機に乗る前に忙しく携帯電話でメールをしている。空港に着いてから、またもやメールをしているので、聞いてみると、義理のお父さんにメールをしているという。

出発するときに「今から乗ります」とメールをしておくと、着いたら必ず現地の情報を入れてくれるのだそうだ。内容は、お天気から交通情報、おいしい料理など幅広い。それが講演の多い成田さんとお父さんの習慣になっている。義理のお父さんだけでなく、義理のお母さんとも、とても仲がよさそうだ。

「主人は健常者でしょう。親だったら、だれでもお嫁さんになる人は健康な人がいいと思うかもしれません。でも、義理の両親は、わたしとの結婚にまったく反対することもなく、それどころか、喜んでくれたんです」

成田さんはいま、彼の両親をこれからも大切にしていきたいと思っている。だから、全国行脚の道中でも、連絡を欠かさない。

成田さんは、その日、中学生を対象にした講演を、こう締めくくった。

「ずっと寝たきりが続いていたときに見た空のこと、辛い日々のことを、いまでも思い出します。わたしは、みなさんのように満足に学校にも通えませんでした。でも、学校に通わなくても学べたことがあります。多くの人が、わたしを支えてくれたということです。たくさんの人の支えで、いまの自分がここにいると思います。みなさんも、まわりの人と支えあって自分の掲げた目標に向かって、まい進してください」と。

講演の最後に、成田さんは、アテネでとった全部で七個もの金メダルをかばんのなかから順に取り出し、会場の人に「まわしてください」と手渡した。

見ると、中学生たちが目をかがやかせながら金メダルを触《さわ》っている。なかには、自分で金メダルを首に通している生徒もいる。目標を持つ。決してあきらめない。たとえ、そこで命を縮めても、記録を伸ばしていきたいという目標があって、厳しい練習で自分に勝つことができる。その闘いに障害も何も関係ない。

金メダルがわたしの手元に来たので触ってみると、どのメダルも多くの人が触っているので傷だらけだった。おそらく成田さんにとって、一番大切な宝物、大切な物が傷だらけだ。心ない人に取られてしまうことだってありえる。にもかかわらず会場の人にメダルを触《ふ》れてもらうその理由を講演が終わった後、聞いてみた。「自分一人でこの金メダルをとれたわけではなく、まわりの人の支えがあって初めてとれたものだから」と、成田さんはさりげなく答えた。

こんなにやさしい成田さんも勝負のときには、強気で相手をけちらすほどの勢いでにらみつけてレースに臨むという。強さとやさしさをかね備えた成田さんは、心の金メダリストだ。

成田さんが言った忘れられない言葉がある。

「病気と障害を与えてもらってよかった。失ったものよりも得たもののほうが大きかった」

世の中よい人ばかりではない

「わたしとしては、紗希が肥満気味なので運動する機会がほしかったのですけどね」。前に述べた長谷川紗希ちゃんのお母さん、淳子《じゅんこ》さんは、笑いながら、わたしにそう言った。

紗希ちゃんは、先天性の病気のため、生まれたときから全盲だった。淳子さんは女手一つで紗希ちゃんと、現在、大学四年生、高校三年生になる三人の子どもを育ててきた。さぞかし、大変だったでしょうねと、わたしが言うと、「そうでもないですよ。落ちこむ暇もありませんでしたから。紗希が生まれた当時は、上の子も小学生だったから、毎日やることがいっぱいありました。紗希は、歩き出したのも遅かったし、ふつうなら教えなくていいようなことまで教えなくてはならない。ものにぶつかるから、その安全の確保もしなければなりませんでした。本当に忙しかったです」と振り返って言った。

「最近では、楽しむ余裕ができてきて、このテニスも、お母さんたちとおしゃべりするのが楽しみで来ています」

リトルファンキーズは、お母さんどうしの情報交換や相談の場にもなっていた。お母さんのなかには、障害のある子どもを持つ母親として、いろいろな不安や悩みもある。人によっては「自分のせいで、障害のある子を産んでしまったのではないか」ということに悩んでいる人もいる。相談相手が必要だ。

「このあいだ、タクシーで障害者手帳を見せると、計算が面倒くさいと言われて、本当に頭にきたわよ」

休憩時間に、お母さんどうしで、そんな話が始まると、淳子さんが、最近あったひどい話を始めた。

「電車のなかで『かわいそうね』と言われたのよ。こっちは楽しくやっているのに、大きなお世話。言われているほうの気持ちを考えたことがないんでしょうね。『あんたに言われる筋合いなんかない！』と怒鳴ってやりたかったわ」

「娘にしてみれば、まわりからそう言われたら、自分がかわいそうだと思いこんでしまうじゃない」

娘がどう思うかが一番心配だったから、淳子さんは、娘さんにはこんなふうに説明したそうだ。

「一般の人は目が見えるけど、紗希は目が見えないから、かわいそうと思うんだよ。目が見えないと、大変なことだと思っているんだよ。目が見えないから何もできないと思っている人もまだいるんだよ」と。

「そうよね。わたしも同じことを言われたことがある。かわいそう、かわいそうと決めつけるんだよね。そういうことが、いまだに多いよね」と、ほかのお母さんが相槌《あいづち》を打つ。

最近、淳子さんが心配していることは、子どもを巻き込んだ犯罪が増えていること。

「目が見えないから、本当はまわりの人のサポートがいりますが、『だれかに案内してもらいなさい』とは教えられないんです。それから『どこに行くの』と親切に言ってくれる人がいても、ついていかないように教えています」

目が見えないと、どんな人に声をかけているか、かけられているかもわからない。「世の中よい人ばかりではない」と子どもに教えているそうだ。

目の見えない子どもに、そう教えなければならないのが、わたしたちの住んでいる社会の現実だ。紗希ちゃんが生活している世の中は、わたしたちのそんな社会を映し出している。

紗希ちゃんは、一歳一〇カ月のときに埼玉県立盲学校の幼稚部に通い始め、六歳になる年長の年には、地域の幼稚園にも同時に半々ずつ通うようにした。地域の幼稚園にも通わせた理由は、同じ地域で同世代の友だちができるといいと思ったからだ。

その幼稚園には、過去に車いすを利用する子どもも聴覚障害の子どももいたので、障害者への対応が自然だった。幼稚園の手すりが、紗希ちゃんに使いにくいことに先生が気づいてくれて、市からの援助もないのに工事をしてくれた。そういう気遣いをしてくれる幼稚園だったので、幼稚園での生活はとても恵まれたものだった。子どもたちも先生も最初は戸惑うことがあったが、ときがたつにつれ、しだいにそれは取り去られていったそうだ。

「耳からの情報しかないと、たとえばハンカチがないということだけでパニックになることがあります。あの子にとっては、それが重大な問題なんですが、目の見える子といっしょに幼稚園に行ったとき、『洋服でふける』と教わり、柔軟に対応することを学んだようです。そのとき、大人だったらそうは教えないけれど、子どもは子どもから学ぶこともあるものだと思いました。

地域の幼稚園に行かせてよかったと思います」

地域の小学校に通わせようかとも考えたが、低学年のうちから歩行訓練など、視覚障害者に必要とされる日常生活をおこなうための基礎を学ばせたいと思ったので、卒園後は埼玉県立盲学校の小学部に入学し、そこに現在も通っている。

しかし、高学年になったら、中学受験を視野に入れながら地域の小学校に通わせることも考えている。中学受験は、点字入試があるところでないと試験も受けられない。しかも、遠い場所にある学校だと一人で通学ができるかどうか心配だ。本人に一番適したコースを見つけてあげたいが、選択肢には限りがある。お母さんの心配事はつきることがない。

最近、紗希ちゃんが、絵のコンクールで佳作をとったという。わたしが「おめでとう」と言うと、「お姉ちゃんに手伝ってもらって書いた絵だから、手伝った人の欄には、お姉ちゃんの名前を書いたんだ」と紗希ちゃんは、うれしそうに言った。

母の力だけでできないこと

長谷川淳子さんが、学校のことを相談しているのが、吉田《よしだ》克恵《かつえ》さん。紗希ちゃんの友だちの、四年生の吉田彩夏《あやか》ちゃんのお母さんだ。

彩夏ちゃんは、盲学校の幼稚部を卒業して、地域の小学校に通っている。

「盲学校の子どもたちと交流をなくすのがもったいないので、このテニスをやることにしました。身体のいろいろなところの筋肉を使うのが、いいと思っています」と克恵さん。

彩夏ちゃんは、小児ガンの手術をうけ、三歳のとき失明した。その後、どこの幼稚園に入れようかと思ったときに、ある私立の幼稚園の園長先生(紗希ちゃんとは違う幼稚園)が、入園させてみたらと声をかけてくれた。幼稚園に通うことにしたが、視覚障害者に必要な教育を受ける必要があった。それならば、ということで幼稚園と盲学校両方を半々に通うことになった。

テニスを楽しむ子どもたち．一番左が紗希ちゃん，右が彩夏ちゃん

地元の幼稚園に通ってよかったのは、近所に友だちができたこと。

「本当に自然に受け入れてくれました」と克恵さん。

克恵さんは、彩夏ちゃんを地域の小学校に通わせたかったが、視覚障害者を入れたことがなかった小学校は最初、受け入れに否定的だった。

そこで、克恵さんは、学校にも、教育委員会にも、いろいろな人に何度もお願いをしにいった。

最初は、学校からも教育委員会からも漠然《ばくぜん》と「全盲の子どもは無理じゃないか」という話ばかりだった。しかし、たとえば「授業についていけるか」といった問題も「どうすれば授業についていけるか」というふうに、少しずつだがとらえ方が変わってきたという。何度も何度も話し合ううちに、「本人にとって、どちらがいいのだろうか」という前向きな議論になっていった。

前例がないということも大きな壁だった。学校が視覚障害者を受け入れたことがなかったから、経験のある先生もいない。とりあえず一年だけでも様子を見よう、ということで入学までこぎつけた。

「実際に入学させてみて思ったのは、まず、まわりの子どもたちが彩夏を本当に対等に受け入れてくれたことでした。興味深いことに、まわりの子は自然に手を差し伸べてくれるのですが、彩夏ができることには手を差し伸べないんです。見ていてすごいなあと思いました」

そう、大人よりも子ども社会のほうが、こういったことは、早くすすむ。彩夏ちゃんの兄弟は全然意識しないで自然に彩夏ちゃんをサポートしている。毎日のことなので、あたりまえのことである。そのことが学校のなかでも起こる。学校の友だちも、そういう感覚に近くなる。

子どもたちだけでない。先生たちにも、みるみる変化ができてきた。視覚障害者は何もできないのではないかと思っていた先生たちが、入学してみると、いろいろなことができるということを知る。障害のある子どもに対して、どう接すればいいか、肌感覚でわかるようになる。いっしょにいることが、なによりも最大の学習だ。そして必要なのは議論だけではないことを、子どもたちから教わる。

しかし、一方で、授業には特別なサポートが必要だということも知る。いまでは学校が、補助教員の先生を特別に採用し、黒板などに書かれたことも声で伝えてくれるようになったそうだ。

障害のある子どもを、どこの学校で学ばせるのがいいのか、一概には言えないが、本人の選択肢が多くあることが大切だ。

「彩夏に一つの選択肢だけしかないのではなく、いろいろななかから選択できる世の中になってほしいと思います。就職だって『目が見えないから鍼《はり》とかあんま』といった選択だけではなく、将来的には、いろいろな職業を自分で選べるようになってほしい」

「ほかの人と同じように、大学に行って就職して、お母さんにもなるという生活をしてほしい。そのために必要なことは母として、精一杯のことはしてやって、必要であればどこへでもお願いしに行こうと思います。でも、まわりの人が機会を与えてくれないと、道を切りひらくことができないこと、母親だけの力ではどうにもならないことがあります」と言った。

「運動は何をやっているの？」とお母さんをわたしにとられて、退屈していた彩夏ちゃんに聞いてみた。

「走るでしょう。ポール・マットでしょう。あと、いろいろ……。あ、そうだ、鉄棒もやったことある」

と元気な返事が返ってきた。

彩夏ちゃんは、無邪気で元気な小学四年生だ。

だれだって、彩夏ちゃんの笑顔を見れば、彩夏ちゃんのような障害のある子どもたちが、どんどん社会に参加していってほしいと思うだろう。そのために、「母親だけの力ではどうにもならないこと」について、もう少し考えてみたいと思った。

ピポ駅伝が教えてくれたこと

二〇〇六年一月、とても親しくさせていただいた、NPO法人コミュニケーション・スクエア21（CS21）の代表の叶内路子《かなうちみちこ》さんが六〇歳で亡くなった。

叶内さんは、以前わたしが発行したユニバーサルサービスの小冊子を読んで、連絡をしてくださった。

「CS21がどんな団体だか知ってもらうために、ぜひ一度あそびにいらしてください」と言われたので、二〇〇二年の春に、四谷の昔ながらの飲み屋街「しんみち通り」を抜けた先のビルの一階にある事務所を初めて訪れた。扉をあけるとそこは二〇畳位の部屋で、壁一面に模造紙が貼《は》られており、カラフルなマジックでイベントの紹介などが書かれていた。

その部屋の真ん中で十数人が大きな声をだして議論をしている。下町の商店街の集会所といったところだろうか。わたしが挨拶すると、みんなが笑顔で出むかえてくれた。

大手新聞社に勤めていたという白髪の紳士が、わたしにお茶をいれてくれたので恐縮すると「ここは、上下関係はないですから」と言われた。ここは、第一線を退いた高齢者が自分の居場所をもち、培《つちか》った能力を活かして仲間をつくり、学び、仕事もする、そういったことができる場である。このNPOがやろうとしていることは、これからの地域づくりのお手本になると感じた。いままでに味わったことのない雰囲気が、そこにはあった。

ともに生きていくことの大切さを語っていた叶内さん

平均年齢六〇歳くらいの人たちが熱心に話し合っているのは、本番がせまった「ピポ駅伝」のことだった。叶内さんがわたしに、その駅伝のことを説明してくれた。

「この駅伝の大きな特徴は小学生、高齢者、車いす走者、視覚障害者、健脚者など、いろいろな個性をもった人が一つのチームを組むこと。タイムの速い遅いを競うのではなくて、タイムを予想するレースなんです。遅い人は、どのくらい遅いかあてればいいということです。この駅伝に参加して、いっしょに走ることで、社会にはいろいろな人がいて成り立っているのだということを実感し、みんなで支えあう心地よさを体験してもらえたらという思いで企画しました。昨年も、がんばる小学生、マイペースで走る高齢者、車いす選手、障害があっても自分の足で歩いた女性、いろいろな人が参加してくれました。井上さんも参加すると楽しいですよ」と言って、わたしを誘ってくれた。

打ち合わせの内容を聞いていると、すべてが手づくりで運営されていることがうかがえた。お金がないところは、人手で補う。障害者が参加するためにどんな配慮が必要かといったことには、全員が意見を出し合いながら決めていっている。普段、急いでいて見落としてしまうようなことにきっちり時間をかけて取り組んでいるようすを目《ま》のあたりにして、こういった活動に学ぶことが多いと痛感した。

ＣＳ21はいわば、草の根組織。企業や大学の先生たちが取り仕切るユニバーサルデザインとは違って、人と人のつながりの延長で、「ピポ」という理念のもとに豊かな共生社会を実現させようと活動をしていた。

ピポのシンボルマークは、国語の教科書にも出てくるカバと、カバの口を掃除する小鳥の絵で、第一章に登場した文字デザイナーの山本百合子さんのお嬢さんがつくったものだ。あかぬけないけれど、子どもが描いた絵だから、どこかあたたかい。小鳥の名前はピーちゃん、カバの名前はヒポポタマスのポをとってポーちゃん。二人でピポちゃんとなる。カバは大きくて強いけれど、弱いものを食べたりしない。小鳥もお情けでなく、歯の隙間のエサを食べて、生きていけるし、そうすることでカバも気持ちいい。ピポのマークには、そんな意味が込められているそうだが、叶内さんは、このマークに象徴されるような共生の必要性をいつも唱えていた。

いろいろな人と地域で共生していくための無償で地道な取り組みは、こういったところから生まれてくるのだと思い、期待に胸がふくらんだ。こうした活動こそ、本当に必要なことだと感じた。

わたしは、その年「ピポ駅伝」に参加した。いろいろな人といっしょに走ったり、しゃべったりして楽しい時間を過ごすことができた。

「ユニバーサルサービスの考え方は、わたしが考えている『心のユニバーサルデザイン』、つまり〝ピポ〟のコンセプトそのものだと思います」

叶内さんがわたしの目をじっと見つめて情熱的に語っていたことが、昨日のように思い出される。ピポの思想を具体的な行動やかたちにすること。それが叶内さんの信念だった。自治体や企業の影響力と比べると、本当に小さな、ささやかな組織だけれども、その力は決して小さくなかった。七年間の活動で、ＣＳ21には、つぎつぎに賛同する人たちが加わって、やがてそれは大きなうねりをよび起こしていった。

わたしも叶内さんの考え方に共鳴し、ＣＳ21の実施するいろいろな催し物に参加した。二〇〇四年には、わたしが立ち上げた全国ユニバーサルサービス連絡協議会の設立説明会も叶内さんの協力で、ＣＳ21でおこなった。ＣＳ21のもつ雰囲気を、協議会の活動にも取り入れていきたいと感じていたためだ。

「わたしたちは、障害者や高齢者などさまざまな人々が集い、ふれあう体験を通じて、お互いを尊重し、支えあうことの楽しさや大切さに気づくことで、やさしいまちづくりができることを多くの人々に伝えたいと願っています」

生前の叶内さんの言葉だ。本当に惜しい人を亡くしたが、叶内さんが描こうとしていたこと、それは、地域社会に障害者や高齢者を招き入れるソーシャル・インクルージョンの先駆的な試みそのものだ。のこされた人が、それをかたちにしていかなければならない。


この章を書き終えようとしているころ、松居さんから、メールが来た。

「ハンディキャップテニスを広めようと、イギリスにある、イギリステニス財団(The British Tennis Foundation)を訪問してきました。リン・パーカーという障害者テニスのマネージャーが会ってくれました。彼女は、車いす利用者、聴覚障害者、知的障害者のテニスの講習会やテニスマッチをオーガナイズする人です。イギリスには視覚障害者のテニスはないと言って、とても驚き、興味をもってくれました。さっそく、ヨークシャーに住む少年がスポンジボールを試してみたいということで二四個送りました。あのテニスボールがウィンブルドンがおこなわれるテニスのメッカ、イギリスで弾んでいると思うとわくわくしますね」

多くの人が参加できるコミュニティをつくる人たちに、たくさん出会った。そのコミュニティは、山にたとえれば、アルプスのように高い山ではなく、みんなでピクニックができるような小さな里山だ。一つひとつは小さな山だが、その裾野は広がり始めている。そして、そんな里山がたくさんできれば、たくさんの人の楽しみをもっと増やすことができる。

スポーツを通じたインクルージョンの取り組みに、これからの社会づくりのヒントを見た。

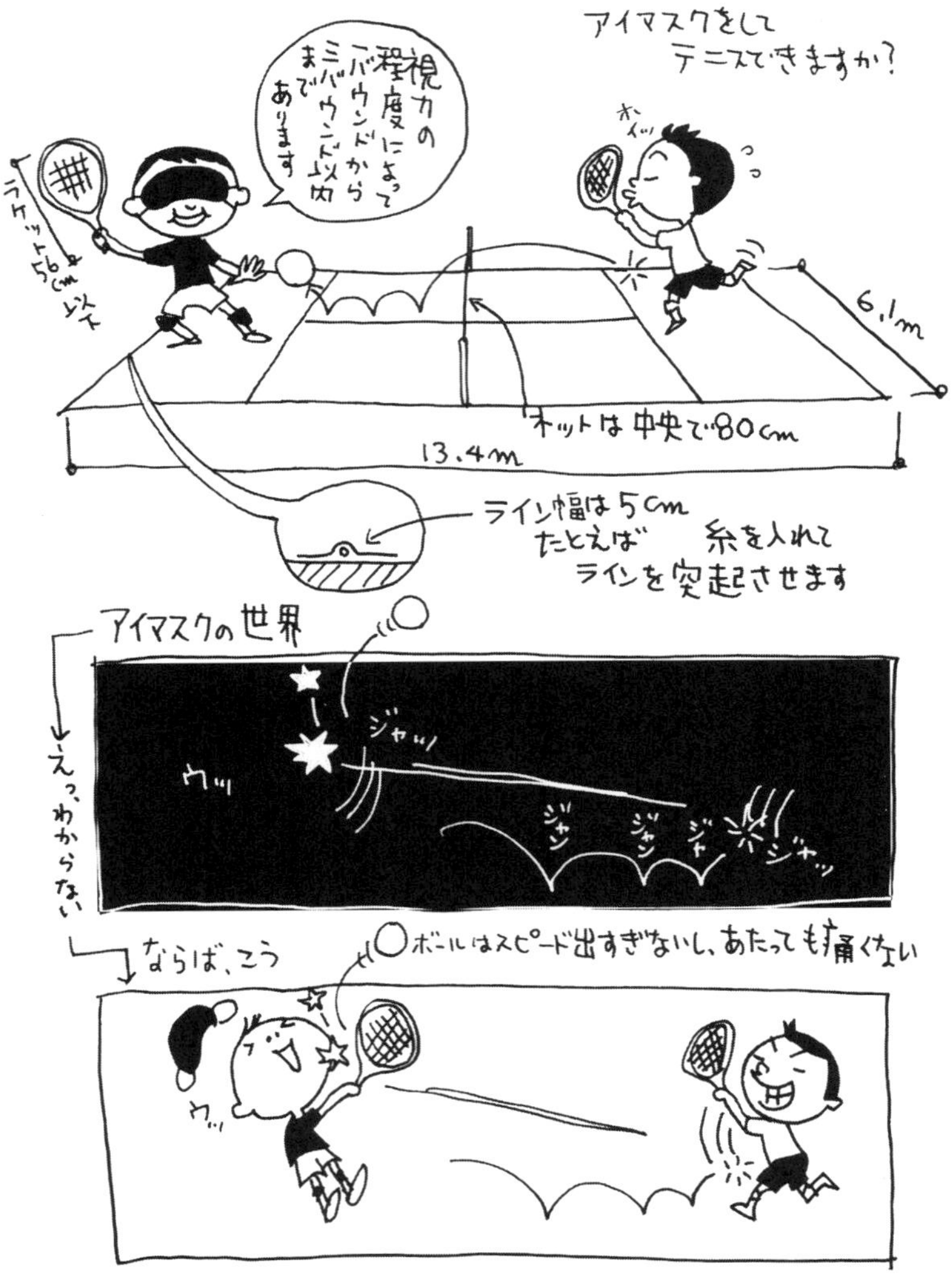

アイマスクをして
テニスできますか?
視力の程度によって一バウンドから三バウンド以内まであります
オイッ
ラケット56cm以下
6.1m
ネットは中央で80cm
13.4m
ライン幅は5cm
たとえば　糸を入れて
ラインを突起させます
アイマスクの世界
えっ、わからない
ジャッ
ウッ
ジャン
ジャン
ジャ
ジャッ
ならば、こう
ボールはスピード出すぎないし、あたっても痛くない
ウッ

第三章
学びのソーシャル・インクルージョン

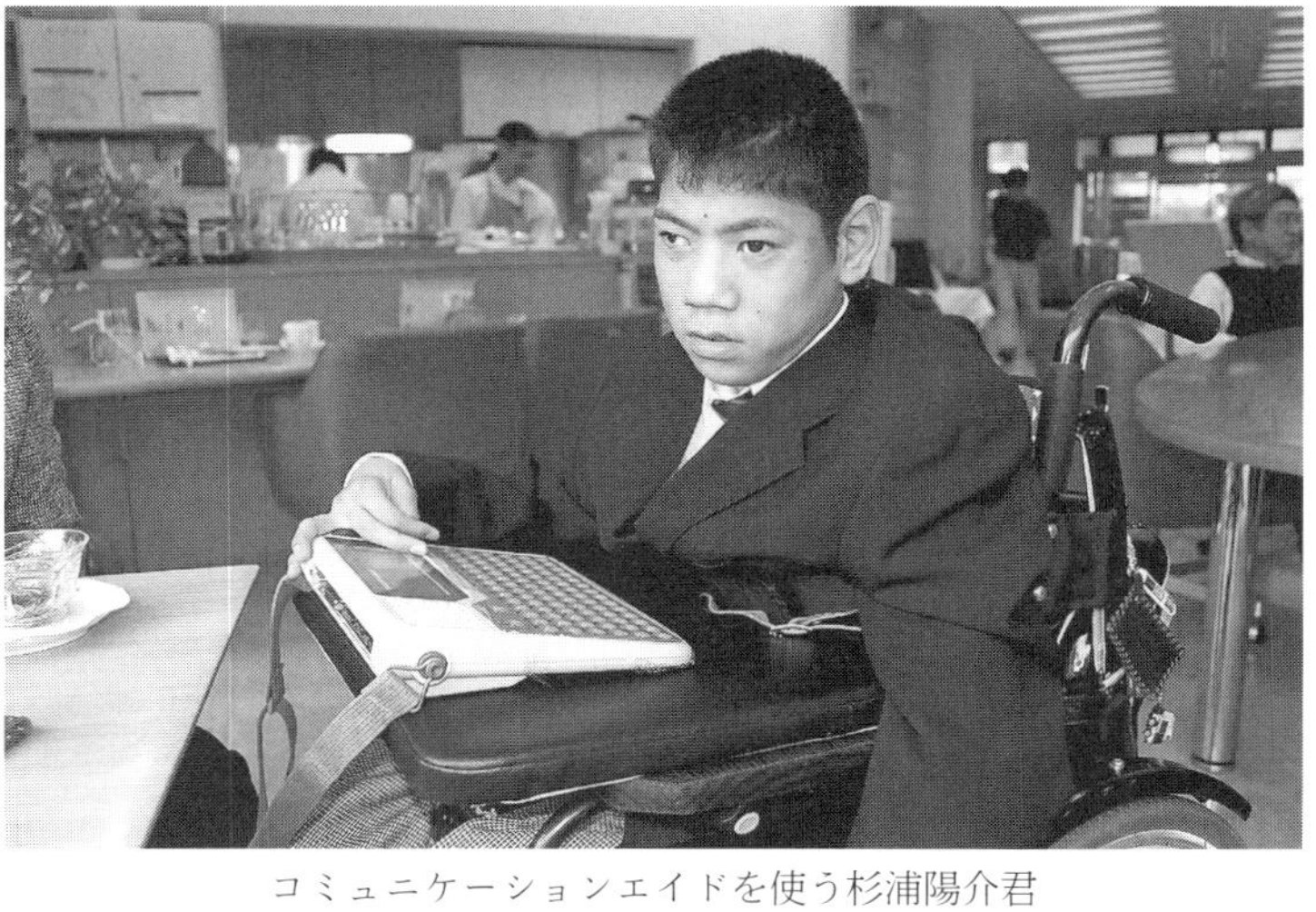

コミュニケーションエイドを使う杉浦陽介君

カルロスの仕事

カリフォルニア空港をおりる。空を見あげると背の高い椰子の葉から、春のまぶしい日差しがこぼれている。二〇〇六年三月、ＣＳＵＮ(California State University Northridge)が、主催する、テクノロジーと障害者会議二〇〇六(Technology and Persons with Disabilities Conference 2006)に参加した。この会議には二〇〇四年にも参加しているので、二年ぶりだ。

ロサンジェルス(ＬＡ)は暑い。会場であるヒルトンＬＡエアポートホテルに到着するや否や、まずは、身体を冷やそうとプールに向かった。プールサイドには、〝シェパードをつなぐフック〟(SHEPHERDS HOOKS)とかかれたサインがある。それを見て、二年前にもこのプールでくつろいだことを思い出した。

シェパードは世界で初めて盲導犬となった犬であることから、英語で盲導犬のことを意味する。盲導犬をとめておくフックがあります、という意味のこのサインは、「盲導犬をどうぞ連れてきてください」というメッセージでもある。飼い主も犬も、ここでＬＡの青い空を満喫できる。

受け入れ体制が整っているからだろう。会議では盲導犬を利用している人たちをたくさん見かけた。朝一番、ホテルの前の道は、シェパードやラブラドールなどの大型犬を連れて列をなして歩いている視覚障害者の人たちでいっぱいになる。その姿は、本当に目を見はる光景だ。盲導犬のトイレの場所を示すサインも、ホテルのいたるところにある。障害者を社会が受け入れるシステムに関して、日本とのスケールの違いを感じる。

今回は、約三〇の国・地域から四五〇〇人が集まっており、インターネットのアクセスビリティー（使い勝手）に関する法律や、多くの人にとって使いやすいホームページの制作方法の事例、障害者の教育環境、雇用環境を改善するための、さまざまなアセスティブ・テクノロジー（ＡＴ Assistive Technology　支援技術）の取り組みに関するプレゼンテーションなど、二〇〇を超えるセッションがおこなわれていた。会議に併設された展示会には、一七五ものブースが設置され、スタッフが自分たちの活動や展示されている機器や商品などのことを説明している。

カルロスとシェパードのデリック（右）

二年ぶりに、カルロス・テイラーに会った。身長が二メートル近くあるので、会場でもよく目立つ。身体が大きいので彼を導くシェパードのデリックが、まるで小型犬のように見える。カルロスは、ボール州立大学で、ＡＴのスペシャリストとして働いている。

彼は、大学に在席する視覚障害者に必要とされる支援機器を探すために、毎年この会議に仕事として参加している。ここで最新情報を入手し、必要に応じて商品を注文するのだが、展示会場のブースには、カルロスが探しているさまざまな機器が並んでいる。

たとえば拡大読書機。これは、弱視の人向けに小さな文字をディスプレイ画面上で大きく拡大する装置。パソコンを接続して本などを読むことができる。

「点字キーボード」は、点字を使用する人が文字を入力する際に使用する機器で、たとえば画面がまったく見えなくても、パソコンにつなげてパソコン上に文字が入力できるものなどがある。スクリーンリーダーという文字の読み上げソフトと組み合わせれば、入力した文字を音声で確認することができるので便利だ。

展示会場には視覚障害者だけでなく、さまざまな障害者が必要とする支援機器がところせましと並んでいる。

ここではカルロスのように、障害者が自立して生活をおくるために必要とされる環境づくりを仕事としている、多くの障害のある人たちと出会った。みずからが障害者であるという立場を活かして、同じ障害者に必要とされる支援機器を探し、最新情報を得たり、お互いに情報交換をしたりしている。日本が学ぶべきとてもよい仕組みが、ここではすでにできあがっていることに、以前、とても驚いたことを思い出した。

学生の学習環境を整えるための支援が法律で義務づけられているため、多くの学校がこれらの商品を大量に購入するので、米国では大きな市場となっている。そのため、この会議には、世界を代表する米国のパソコンメーカーなどが協賛に名をつらねている。ここは企業の営業活動の拠点でもある。

VOCAで会話する

電動車いすを利用し、上肢にも麻痺《まひ》がある、また、声をだしてしゃべることができない重度の障害のある人が会議に参加して、一人で自由に会場を移動し、まわりの人たちといっしょに笑っている。以前来たときに顔なじみになっていたリックを見かけたので、声をかけた。

「お久しぶり」と言うと、彼は笑顔でうなずき、取りつけてあるスティックで、VOCA(Voice Output Communication Aids　ヴォカとよばれる)の一つのアイコンを押した。すると、スピーカーから「どうしてた、元気か?」などと、英語が次々と音声で流れてくる。続けて彼に質問をすると、今度は、スティックでアイコンをたて続けに押した。その単語はまたたくまにボードのディスプレイ上で文章になり、声となってわたしに語りかけてくる。

VOCAは、「コミュニケーションエイド」の一種。携帯ができて、文字や絵文字を選んで、それを音声で読み上げてくれる装置だが、展示会場には、最新型のさまざまな仕様のVOCAが

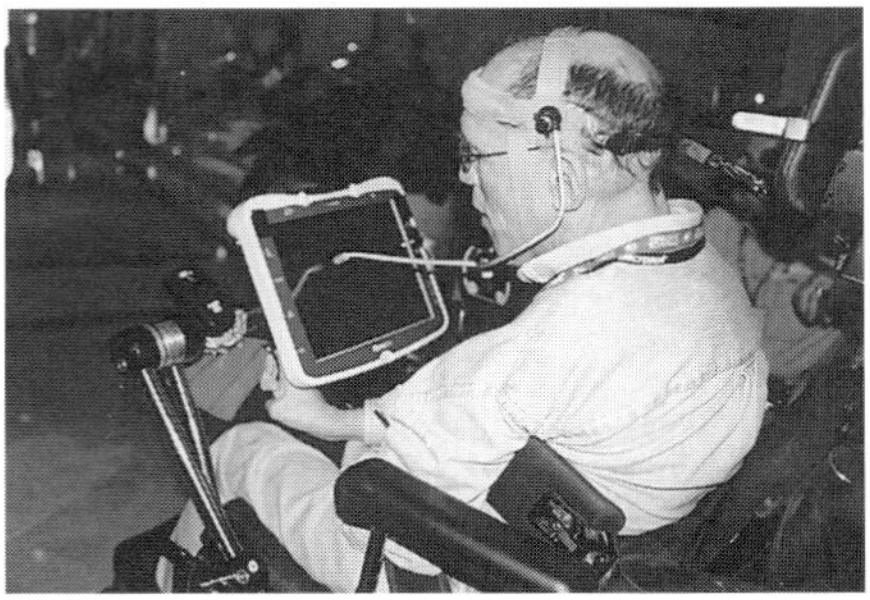

スティックで画面を操作するリック

あった。アルファベットの文字をジョイスティックなどで打つことで画面に直接入力するものから、あらかじめ録音しておいた音声を絵記号のボタンを押すことで再生するもの、タッチ画面になっていて情報が階層化され、無数の言葉をあやつることができるタイプのものなどである。

　単に音声を発するだけでなく、電話をかける、電子メールを送信するなど、多くの機能をあわせもつものもある。学習障害（ＬＤ）の子どもへのＶＯＣＡの機器もあったが、これは英語を第二外国語とする人の英語の学習教材としても有効だと思った。絵のアイコンを押すとネイティブの発音で、その絵が示す言葉が流れてくるからだ。

　文字が苦手でも「絵記号」なら理解が早いという人だけでなく、会話で使用する言葉を絵で表現した「絵記号」は、わたしを含めてだれにでもわかりやすい。カラフルで楽しい絵を見ていると、楽しくなってくる。

　最近日本でも、「絵記号」をレストランのメニューや案内所、トイレのサインなどに使用するケースも出始めているが、ＶＯＣＡの画面上にある「絵記号」の種類はさまざまだ。

全身がまったく動かない障害者のため、目線の動きだけでパソコンを操作する機器などもある。会場にはそれを使用している人たちが、たくさん来ている。リックもそうだったが、リクライニング型の車いすを利用した声を出すことが困難な重度の障害者が、自由に会場を動きまわり、VOCAを駆使して商談をし、必要とされる支援機器を注文している様子は、参加している全員に明るい未来を感じさせてくれる。

プレゼンテーターもブースを出展しているスタッフも、みな、自分の仕事に誇りをもっているように思える。ちょっと雑談をするつもりで立ち寄ったブースでもスタッフが熱心に説明をしてくれる。かつてなら「奇跡」と言われたことが、現実のものとなっている姿を見ていると、時間がたつのを忘れてしまった。

「障害者とテクノロジー」の父

今回の国際会議での講演者の一人が、グレッグ・ベンダーハイデン氏だ。この人は、米国ウィスコンシン・マジソン大学内にある、情報や通信技術の分野におけるユニバーサルデザインを研究開発している「トレース・センター」の理事長で、ウィスコンシン・マジソン大学の教授でもある。

彼は「障害者とテクノロジー」の父と言われている人で、この世界の草分け的な存在。三五年前に大学内に同センターを立ち上げて以来、この分野で世界をリードし続けてきた。

かねてから話を聞いてみたい人だったので、「あなたの話が聞きたい」と会議の初日のパーティーの際に突撃インタビューを試みると、「明日、ブースにいるから来てくれ」と気さくに応じてくれた。翌日、展示会場にあるトレース・センターのブースに行って驚いた。なんと理事長みずからが、ブースに一人で立って一般の人にセンターの活動や開発した機器類を説明していたからだ。

だれにでも投票できる装置の説明をするグレッグ・ベンダーハイデン氏

グレッグは、とても忙しそうにしていたが、わたしを見つけると開発されたばかりという選挙の投票機器の説明をしてくれた。ユニバーサルデザイン関連の有識者は、世界的に著名な大先生でもオープンマインドの人が多く、だれにでも平等に親切に対応してくれることが多い。グレッグも感じのよさそうな人だったので、そのことをうれしく思いながら話をきいた。

「選挙で投票できるということは、まさにだれにでも保障されるべき権利ですよね。ですから、トレース・センターでは、だれにでも投票できる装置を開発しました。この画面は、ユニバーサルインターフェイスになっていますから、多くの人が、とても簡単に操作ができます。

まず、どんな人が候補者か、スクロールすることで簡単にページをめくることができます。これにより、順番に候補者の名前やプロフィールを知ることができます。それから、画面にタッチすると、候補者のプロフィールが音声で流れますから、間違って投票することがないですし、LDの人、読むことが苦手な人でも、音声での対応があれば、理解することができます。英語だけでなく、もちろん複数の言語に対応しています。弱視の人には、画面の文字を拡大できます。そして『VOTE』(投票)にタッチすれば、これで投票は終わりです。こういう機器が導入されれば、だれもが選挙に参加できる社会が実現します」

グレッグはゼスチャーを交え、騒々しい展示会場で大きな声を出しながら、自分たちで開発した商品のすばらしさを熱く語った。

「わたしたちは、これだけの人への対応を考えています」と言ってグレッグは、わたしに一覧表を見せてくれた。そこには、弱視、全盲、ろう、聞こえにくい人、読み書きができない人、読み書きが苦手な人、肢体不自由者、車いすの利用者、手がふるえる人、背の低い人、マウススティックを使う人、ヘッドスティックを使う人など、障害者だけでなく、力の弱い人、動きにくい人、といったチェック項目がならんでいた。

「すばらしいものを見せていただいて本当にありがとうございます。近いうちに、必ずトレース・センターを訪ねます」

わたしは、こう言い、グレッグと握手をして、そのブースを後にした。

先端をいく簡単な技術の研究

トレース・センターのグレッグ・ベンダーハイデン理事長のもとで、一九九二年に研究員生活をおくっていたのが、現在、東京大学先端科学技術センター特任教授の中邑賢龍《なかむらけんりゅう》さん(49)だ。

中邑さんは、AAC(Augmentative and Alternative Communication　拡大・代替コミュニケーション)を日本で広めた人だ。

中邑さんは、パソコンを利用する技術や、一〇〇〇を超える支援技術に関連した製品を満載した「こころリソースブック」を、こころWeb(http://www.kokoroweb.org/)のコンテンツの一つとして、広くWeb上で公開したり、障害をもつ人たちの自立を支援するテクノロジーとコミュニケーション技術の普及啓発を目的とした「ATACカンファレンス」を毎年開くなど、この領域の普及活動に長年取り組んできた。

AACとは、「今ある能力を活用して最大限のコミュニケーションを引き出す方法」で、AACの考え方では、手段にかかわらず、わかりやすく伝えること、コミュニケーションの確保だけでなく、その質の向上が大切であると言われている。だから、AACでは、視線、指差し、サイン、絵記号、写真、話し言葉、文字、コミュニケーションエイドなど、いろいろな手段を用いてコミュニケーションをする。

二〇〇六年の会議でも、中邑さんが率いる研究室のメンバーの姿があった。中邑さんは、ATの必要性をわかりやすくこう語ってくれた。

「障害はリハビリによって直す。リハビリで訓練をして、生活の質を求めていこう、というのがいままでの考えかたですよね。しかし、それだけでなくコミュニケーションをしていくことが重要だと、わたしは考えています。コミュニケーションをすることで社会参加がすすむからです。障害のために、自分の意思を人に伝えることがむずかしかった人も、ATによってコミュニケーションが可能になることがあります。その際、人のサポートなしに、人とコミュニケーションをすることができることが大切です。たとえば、手足が動かない障害者が家族に電話をかけてもらうことで、友人と自由に話すことができるけれども、音声だけで電話が操作できれば、家族に頼らないで、家族に聞かれないで電話をすることができますよね。日本では、お世話をするのが大切という根強い考えかたがありますが、わたしは、精神的な自立をすることが重要だと考えます。ATは、それを可能にしてくれるのです」

「たとえば、VOCAを使って、食べたいものの絵を選択することで、いままで食べたいものを選べなかった人が、食べたいものを食べることができるようになります。自分の意思を反映させることができるのは、本人にとって、とても大切なことですよね。なにしろ、食べたくないものを食べなくてすむのですから」

中邑さんの説明はわかりやすく説得力がある。以前、講演を聞きにいったことがあるが、学者のむずかしいITやテクノロジーの研究発表ではなく、生活者目線に立った内容であったことが印象深かった。

その講演会では、たとえば、多くの人が使用しているウィンドウズのOSにもATの技術が標準装備されているなどと話をしてくれる。

わたしも知らなかったのだが、キーボードを打つことに困難をともなう人でもスクリーンキーボードのマウス操作だけで文字を打ちこむことができる機能が標準装備されている。操作は簡単なのでやってみてほしい。

「スタート」から「すべてのプログラム」→「アクセサリ」→「ユーザー補助」と移動させていくと、すぐにスクリーンキーボードがでてくる。あとは、マウスを操作し、クリックするだけでキーボードが打てる。また、小さな文字が読めない場合、文字を拡大する機能もOSのなかに標準装備されている。「スタート」から「すべてのプログラム」→「アクセサリ」→「ユーザー補助」→「拡大鏡」を選択する。色を反転させることもできる。

標準装備ではない支援ソフトはたくさんあり、それらは、「こころリソースブック」に記載されている。

「ＡＴはめざましい進歩を遂げていますが、まだまだ十分には知られていません」

中邑さんは、身近なところから、この世の中を変えていこうとしているに違いない。わたしには、そう思えてきた。

この分野にはとくに興味をもっていたので、研究室のゼミに特別参加したこともある。研究室では東京大学の若き大学院生らがアットホームな雰囲気で障害者に関する興味深い研究をしていた。少しだけだが日本の未来を楽観視したくなる。

この研究室には、後で登場する、電動車いすを利用している奥山俊博《おくやまとしひろ》さん(40)もいるし、いままでに、精神障害者や知的障害者も働いていたという。商品開発や研究活動に当事者を取り入れていく「ユーザー・インボルブメント」を実践されているのか、とのわたしの問いに、中邑さんはこう答えた。

「障害者当事者だからという理由で働いていただいているのではありません。ここで働いている人は、障害に関係なく、みな専門家だから働いています。能力があるのにフルタイムで働く場所がない世の中に、スタッフとともに実績を示していきたいのです」

「とてもユニークな研究室ですね」と、わたしが言うと、「いまはそう言われてしまいますが、わたしは、これをあたりまえにしたいのです。東大の大学院を障害者があたりまえのように卒業できるようにしていきたい」

中邑さんは、単なる目標ではなくて、本気でそれを実現したいとの思いを、わたしに語ってくれた。

「障害者の雇用に関しても、善意に頼っているのではなく、社会の仕組みに組み込んでいかなければならないと思います。また、AT機器の商品の開発に関しても社会貢献ではなく、きちんとしたビジネスにしていかなければなりません。日本メーカーの技術開発力のレベルは高いですから、変えていかなければならないのは流通かもしれません。たとえば病院のコンビニにコミュニケーションエイドをおくとか、そういったことをしていかなければなりません」

とてもおもしろい着眼点だ。

「障害者の教育の問題ひとつとっても、これをだれも問題視していないことが問題なのですよ。制度が改革される動きを待っていたら時間がかかりすぎる。ムーブメントを起こすのが自分の仕事。しかし、ムーブメントを単なる話題提供で終わらせないために、科学的、学問的に裏付けされたデータをつくるのが、わたしの役目だと思っています」

長年にわたって活動を推進してきた知恵と自信が、言葉から伝わってくる。中邑さんは、研究をしながら、技術をもつ人の育成もしている。日本にこの人がいることを心強く感じた。

人生を変えた米国の重度の障害児

中邑研究室の研究員をつとめる奥山さんとも、二〇〇四年のCSUNで出会った。奥山さんは、かつてはSEをしていたサラリーマンだったが、その年、ある財団の助成で一年間、アメリカのバークレーにあるNPO「センター・フォー・アクセシブル・テクノロジー」に留学した。障害児をもつ母親が立ち上げた、障害者への支援技術を提供していたそのNPOでの留学経験が、彼の人生を変えたという。

そのNPOは、学校からの依頼をうけ、学校に対してAT関連の機器を選定したり、VOCAなどの支援機器を当事者が使えるように支援する活動をしていた。支援先の学校で、奥山さんが出会ったのが、障害のある子どもたちであった。

障害のある人をサポートする
仕事がしたいという奥山さん

「重度重複障害の子どもたちがVOCAを使いこなしていくのを支援していたわけですが、みかけではそうとわからない子どもたちが確かに意思をもっているんだなと思い、本当にすごいなあ、と感動を覚えました。障害が重いのに、こんなことができるのだということを知り、心にその光景が焼きついたんです。そのとき思ったのは、『一から一〇までできない』と決めつけるのではなくて、『一つでもできる』と、まわりの人たちが、認めることが重要だということでした」

奥山さんは続けた。

「それまでは、自分以外の障害者と、あまり接点がなかったのですが、NPOで活動をしていくなかで、他の障害者とかかわりをもつことに、やりがいを感じるようになりました」

奥山さんは帰国後、会社をやめて、当時香川大学に勤めていた中邑さんを頼って身体ひとつで高松に行った。「こころリソースブック」をつくるスタッフが必要ということで、家庭教師のアルバイトなどをしながら、その業務をすすめた。

「この電動車いすに出合ったのも、アメリカなんです。アメリカで友人が、乗ってみたら、と教えてくれて、行動範囲が飛躍的にのびました。これもテクノロジーですよね」

「電動車いすが普及したのは、日本では、せいぜいこの二〇年くらいじゃないでしょうか。わたしが子どものころは、学校の受け入れ体制も整備されていなかったし、電動車いすもなかったので、親に送り迎えしてもらわなければならず、大変でした」

奥山さんは、九歳のときに若年性慢性関節リウマチと診断を受けた。子どものころは、松葉杖などを使っていた。日本には一九七〇年代から電動車いすがあったそうだが、まわりにすすめてくれる人もなく、その存在を知らなかった。今では、車いすを自動車につんで通勤をしている。

「自分も障害があるから、障害のある人たちをサポートすることは自分の喜びでもあります。

最近、障害のある人といっしょに仕事ができるようになってきたけれども、障害者みずからが障害の特性を活かした仕事を選んでいる例は、まだまだ少ないですよね。そういう仕事をしている人は米国ではいっぱいいたし、障害者が、サービスを提供する行政サイドにもいるんです。ソーシャル・インクルージョンは、これからの日本の大きな課題ですね」と奥山さんは語った。

障害者のために世界を変えること

障害者とテクノロジーの国際会議の主催者代表のメリーアンは、二〇年前に英語の教師として三年間日本に住んでいた経験があり、二〇〇五年、久しぶりに来日したときの感想をわたしに話してくれた。

「日本の障害者にとっての環境は、飛躍的に改善されましたね。本当にわたしはおどろきました。昔、わたしが住んでいたころには、ひどい差別がありましたが、ずいぶん改善されたと聞きます」

たしかに、この二〇年でずいぶん変わったと思うが、ここアメリカに来ると、まったく遅れをとっていることを実感しますと言うと、メリーアンはこう答えた。

CSUNの障害者センターのメリーアン所長

「日本、とくに東京は人口が多く混みすぎているのが、障害者にとっては、とても大きなバリアです。歩道がせまいのに車も多く、人も多い。あれでは、車いすを利用している人や、盲導犬を連れた人にとっては日常生活をしていくことがサバイバルですね」と感想をもらしてくれた。

なるほど、そう言われてみると、東京にいるとそれがふつうだと思ってしまうが、ここLAの歩道はとても広く、人も少ない。東京にいては、気がつくことのない問題に気づかせてくれる。

カリフォルニア州立大学ノースリッジ校(CSUN)の障害者センターの所長でもあるメリーアンは、CSUNで学ぶ障害のある学生へのサポート体制を、わたしに教えてくれた。

「CSUNには、一〇五〇人の障害者が学んでいます」

まず始めに、こうきりだしたメリーアンの言葉をわたしは驚き、聞きまちがえたかと思い、思わず聞き返した。「一〇五〇人ですか?」と。

CSUNの全校生徒は約三万人、そのうち視覚、聴覚、肢体の障害に加えて、LDや精神障害など、一〇五〇人もの学生がこの大学でサポートを受けられる体制が整備されているという。

米国でなぜそこまでの受け入れ体制が実現したのか、一番大きなことは、米国障害者差別禁止法(ADA)の存在である。ADAに準じて大学では生徒に必要とされるあらゆるサポートが無償で提供される。

たとえば、聴覚障害者には手話、ノートテイク(筆記をすること)、全盲の生徒には点字テキスト、弱視の生徒にはCTVといわれる拡大文字の機器、音声読み上げソフト、などだ。単にハード面だけではなく、ユニバーサルサービスも個々のニーズに合わせて実施されている事実に目を丸くしているわたしに、彼女はこう付け加えた。

「それだけではありませんよ。CSUNには、サポートの担い手として一一〇人の学生が働いています。彼ら、彼女らは点字を打ったり手話をして、お互いの理解を深めるという役割を担ってくれているんです。彼らは、ボランティアではありません。有償で働いてもらっています」

さらに、CSUNには障害者の就職相談をする担当者がいて、企業にインターンシップを働きかけ、就職をするまでのサポートもあるという手厚い支援のため、就職率もきわめて高いという。

「大学では、学問的な成功をおさめることで障害者が自立することを支援しています。そのためにテクノロジーが与えてくれる影響は、とても大きいのです」

教育はだれにとっても一番重要なことだ。多くの障害者が大学で学び、これから社会で自立して働いていくためスキルを提供すること、これこそ、政府や学校が提供すべき使命ではなかろうか。わたしには、日本にいるたくさんの、障害のある学生たちのことが頭にうかんだ。彼ら、彼女らの多くが、いまだに目が見えない、耳が聞こえないといったことを理由に、教育を受けるチャンスを奪われている。メリーアンにセンターの使命を聞くと、彼女は力強くこう言った。

「センターの使命は〝障害者のために世界を変えること〟(Changing the world for people

with disabilities)です」

「壮大なビジョンですが、わたしたちはすでにこれを実践しています。この会議に参加している日本のみなさんで、日本でもこれをすすめてください」とメリーアンは言った。

大学だけではない。米国では、小学校、中学校、高等学校に関しても、一九九七年、個別障害者教育法(IDEA)が改定され、障害者を学校に招き入れる統合教育が飛躍的にすすんだ。特筆すべきは、教師、親、専門家などがチームを組み、その子どもに必要なことを話し合って決める個人教育プログラム(IEP)を実施することが義務づけられていることだ。だから、ハードだけではなく、必要と判断されれば、聞こえない子どもには手話通訳、弱視の子どもには拡大文字のテキストといったソフト面のサポートも無償で要求することができる。

もちろん、米国でも問題はたくさん残っている。CSUNは先進事例だが、米国には、日本とは比べものにならない地域格差があり、地域や大学によってその対応は異なる。公立学校のもつ予算にはもちろん限りがあるし、さまざまな事情で結果的に適切なサポートを受けられていないケースもいまだに多くあると聞く。

しかし、米国が法的に、障害者が学問を身につけるのに必要とされる環境を築く強い基盤をもっていることは、わたしたちが見習うべきすばらしい事実だ。

小さなアパートの一室から始まった物語

日本の大学で障害者の受け入れ状況はどうなっているのか、全国障害学生支援センターという団体が六五八ページにわたり三七三校分のデータを網羅している『大学案内　二〇〇五　障害者版』(編集・発行　全国障害学生支援センター、二〇〇五年)を発行しているという話を友人から聞いたので訪ねてみることにした。

全国障害学生支援センターは、町田の駅から歩いて数分のところにある小さなアパートの一階にあった。一〇年間継続して、しっかりとした調査を実施し、立派な本を発行しているのだから、行政などから財源を確保している、それなりの規模の団体かと思っていたがそうではないようだ。

全国障害学生支援センターの殿岡さん

アパートのドアをあけてくれたのは代表を務める殿《との》岡翼《おかつばさ》さん(35)だった。殿岡さんは、脳性麻痺《まひ》のため移動には電動車いすを利用している。全国障害学生支援センターはスタッフ四名を中心に、障害学生やボランティアなどとともに活動している。殿岡さんの奥さんもスタッフの一人で、盲導犬を利用する視覚障害者だ。

殿岡さんは、小学校からずっと地域の学校に通っていた。しかし、大学受験の際は、障害者であるというと入学が許可されないとその当時感じ、障害を告知せずに受験した。大学を三〇校以上受験したが、右手が動かなくて、左手にも麻痺があるため、書くのには人より時間がかかる。希望の大学への道のりは長く、二浪した。

「当時は、障害があるというだけで入学を拒まれることが多かったのです。じつは、高校受験もそうで、入学拒否という苦い経験をしました」

殿岡さんは、そのようなみずからの体験から障害のある人の教育に関心をもち、大学の在籍中に教職免許も取得、一九九七年に大学を卒業後、この活動を本格化したという。

調査は、全国のすべての大学に対して質問票を送るという大がかりなものだ。助成金がないこともあり、いまも財政は苦しいとわたしにこぼしながら、その分厚い本を手渡してくれた。ずしりと重い本。その本の重みは、どれほど障害者が大学で学ぶことが大切なのかを物語っているような気がした。ページをめくっていくと、殿岡さんたちのこの活動にかける深い思いが伝わってくる。

しかし、そこに記されている内容に、わたしは驚きを隠せなかった。まずは、調査の回答率である。今回の調査の回答率は、五二%だという。答えない理由は知る由《よし》もないが、大学の、障害者の教育への無関心、あるいは、公開できる内容がないから答えていないというようにとらえられても仕方がない数字である。

さらに驚いたのは、「障害学生の受験可否」の結果についてである。そこには、受験が「可」であるか「不可」であるか「未定」であるか、大学が答えた調査結果が障害別に記されているのだが(表参照)、たとえば、視覚障害者の受験が「不可」とする大学が、全国に一八校も存在することがわかる。学習障害においては、五九校が「不可」とあるのだが、これはどう考えても差別ではないか、と考え、一瞬、目を疑った。さらに「不可」と回答こそしていないが、「未定」のなかには、結果的に「不可」とする大学もあるだろう。CSUNで、米国の先進事例を目《ま》のあたりにしたばかりのわたしにとって、この数字は、あまりにもひどいものだったが、それが日本の大学の現状である。

ショッキングな数字に驚くわたしに、殿岡さんは笑顔で語ってくれた。

「しかし、悲観ばかりはしてられません。改善していくためには、現状を知るということから始めなければなりません。この調査により、この現実を正確な数字として社会に提示しました。ここからすすめていけると思っています」

本来であれば、国や行政が実施してもおかし

受験可否大学数

	受験可	不可	未定
視覚障害	194	18	174
聴覚障害	218	18	150
肢体障害	234	10	142
内部障害	190	11	185
知的障害	72	62	252
学習障害	76	59	251
外国籍障害	139	13	173

＊学部別に答えた大学の数を含めての掲載のため，回答数の母数は386校，外国籍障害(日本国籍をもたない障害のある受験生)の母数は，325校

出典：『大学案内 2005 障害者版』全国障害学生支援センター，2005年

くないこの調査が、この小さなアパートから生まれている事実こそが、なによりも現在の日本の障害者と教育に関する現実を物語っている。

「でも、なかには、世界に誇れるほど積極的な大学もあるんですよ。また、障害学生が入学すれば、大学は何らかのサポートをしなければならない、という認識はすすんできています」

殿岡さんは、大学を批判するだけではなく、積極的な取り組みをする大学を高く評価しながら、障害者が学ぶ機会を増やしたいと思っている点を、わたしに力説した。

「調査結果は、障害があっても自分が学ぶための学校選びをするための情報として活用してほしいものです。この本には、大学が障害者専用の相談窓口を設置しているのか、総合的支援体制が整っているのかといった基本的な事項から、授業でのサポートの状況、たとえば視覚障害者には、点訳や音訳、資料拡大の有無、聴覚障害者には手話通訳、ノートテイク、パソコン要約筆記の有無などといった情報が記載されています」

全国障害学生支援センターは、学生から電話などで直接の相談も受けている。年間一〇〇件程度。相談内容は受験に関する相談、入学後の学生生活に関する相談などさまざまで、最近では、精神障害者や発達障害者からの問い合わせも多いという。

この本で、学生は必要な情報を得ることができる。それだけでなく、大学の姿勢も変えることができれば、あらゆる人が学ぶ機会が、この日本でもすすんでいく。その牽引《けんいん》役が全国障害学生支援センターなのである。殿岡さんは、わたしに身ぶり手ぶりを交えながら、ゆっくりとこう語ってくれた。

「学ぶことは、生きることそのものです。ですから、学ぶことに社会的な制約があるということは、生きることに社会的な制約があることなんです。障害のある人が、何らかの社会的制約により大学で学べないとすれば、それは彼らの人生において、大切な機会を奪われているということです。障害のある人の学ぶ機会が増えて、働く場を得られれば、彼らの力を必ず社会に還元できます。まずは、この本のことを一人でも多くの人に知ってほしいと思っています」

アジアから障害のある留学生も日本に来ているそうだ。外国人も含めてあらゆる人たちの受け入れ体制が、日本の国の役割として求められている。アメリカに負けてはいられない。行政も、学校も、学生たちも、関連する団体も地域も、こういった活動に賛同し、この輪を広げてほしい。そうすれば、アパートの一室から始まったこの動きは必ず大きなものになる。こういった力こそ、本当の意味で世の中を変えていけるものであるはずだ。わたしはちょっと熱くなってそう思った。

日本の養護学校の先生との出会い

ＣＳＵＮの国際会議にわたしといっしょに参加したのが、日本企業のプロダクトデザイナーたちであった。大学の教員が引率する大学生も多数参加しており、近未来の商品をつくる担い手たちは、障害者が増える高齢社会に向けたものづくりをすすめていこうと、夜中まで熱心に語り合っていた。世界に誇る産業大国日本も、この市場に目をつけている。

その会議で二〇〇四年に出会ったのが、養護学校の金森克浩《かなもりかつひろ》さん(44)だ。多くの日本人がいるなか、わたしが出会った唯一の日本人の学校の教員だった。

教員生活二〇年の金森さんは、大学時代に教員になる道を選んだ。養護学校の先生になるつもりはなかったが、東京都立府中養護学校に採用され、そこで九年、その後の一一年間を東京都立光明養護学校で過ごし、二〇年間ずっと、肢体不自由者の学校の教員を務めているベテラン先生である。

光明養護学校は、七四年の歴史をもつ日本で初めての肢体不自由者の養護学校で、小学部、中学部、高等部があり、地域の学校に通うのと同等の資格を得ることができる。約二〇〇名の児童・生徒たちがいて、内訳は小学部が五分の二、中学部が五分の一、残りの五分の二が高等部という人数構成になっている。教員の数は約一五〇名で、それ以外に嘱託の教育相談員、非常勤講師などがおり、看護師もいる。

肢体不自由者で知的障害をともなう生徒が約九割。視覚、聴覚の障害のある児童・生徒、病弱な重複障害のある児童・生徒もいる。発達年齢も、三カ月程度から、年齢相応に近い生徒までと幅広い。

教員にとって非常に重要と思われたこの会議で、海外の学校の教員たちには数多く出会ったが、日本の教員に会ったのは初めてだった。

金森さんは当時、ＡＴ（アセスティブ・テクノロジー　支援技術）を研究するため東京都から派遣されて大学院の修士課程に在籍しており、参加することができたそうだ。わたしは現場の先生でありながら、ＡＴの専門家でもある金森さんに興味をもった。技術は現場で活かしてこそ意味があるものだからだ。

興味をもった理由は、もう一つあった。じつはわたしの住む家が光明養護学校から近いにもかかわらず、わたしは学校に一度も行ったこともなく、障害者関連のことを専門にしながら、近所の養護学校の教員とも生徒ともふれあったことがなかったからだ。「ユニバーサルデザインのまちづくり」などの講演で全国行脚し「地域から始めるべきだ」などと話しながら、自分の住む地域で何もできていないことを正直恥かしく思っていた。

そんなこともあり、帰国後に、まずは金森さんを訪ねて学校に行ってみた。金森さんは、養護学校の「自立活動」の時間などで、子どもたちが自立した生活をおくるためのＡＴを活用したコミュニケーションに関する専門授業を担当していた。

パソコン通信が開いた世界

金森さんがこの世界に入ったきっかけは、彼がまだ教員になりたてだった時代にまでさかのぼる。当時から金森さんは、養護学校でワープロのキーボードにキーガードとよばれる誤動作を防ぐカバーをつけたりしながら、身体に障害がある生徒にワープロの指導をしていた。まだ一般にワープロが普及していないころだったが、すでにそのころから、新しい技術を利用したほうが障害者の世界が広がると思っていたという。

「一五年ほど前、ある脳性麻痺の高校生に、ワープロで簡潔に文書をつくるよう指導をしていたんですよ。その生徒はとても頭がよくて、肢体が不自由ですが、トーキングエイドで一文字ずつ入力していき、文章をうまくまとめることができました。打つのもある程度速かったのですが、わたしたちの通常の会話って、とても速いですよね。トーキングエイドだと、どうしても時間がかかるわけです。しかし、彼女がパソコン通信を始めて、わたしにメールを送ってくれたとき、本当に驚きました。パソコン通信だと、家に帰って好きなときに好きなだけ時間をかけて文章がつくれるから、彼女が伝えたいことを瞬時に文章から読みとれたからです。これはすごいな、と思いました」

学校では先生も生徒もスケジュールがあって、長い時間会っているけれども、会話する機会はじつは少ない。顔を合わせていてもコミュニケーションができていないことも多いが、逆に顔を合わせていなくても、その人の思いが伝わることを知ったという。

彼女が送ってくるメールは「あの先生の言ったことがいやだった」など、たわいもないことであったそうだが、面と向かっていると言えないこと、言いにくいことが伝わってきた。コミュニケーションをする方法はいろいろある。その人が伝えやすい手段で伝えていくことが大切だと、そのときに感じたそうだ。

「いまでは、パソコン通信からインターネットに変わりましたが、電子メディアがもたらした功績はとても大きいと思います。自分も、パソコン通信のネットワークをつくったので、学校の教員という枠のなかだけでなく、他の福祉関係者や異業種の人とも、通信を通じてネットワークが広がりました。そのおかげで、わたしのいまやっている活動も存続しているのだと思います」

障害とひとくちに言っても、さまざまな児童や生徒への対応が要求される。もっと勉強をしなくては、と考えていた一〇年ほど前、当時香川大学にいた中邑先生が提唱していたＡＣやＡＴの世界のことに触《ふ》れて本格的にこの世界に入った。

その後、それがライフワークとなり、国立特殊教育総合研究所（ＮＩＳＥ）に出向中に「障害が重い人でもコミュニケーションをしているはず。なんとかそれを豊かにできないだろうか？」という思いを実現するために、全国の保護者と教育者などで、ＡＴやＡＣＣを活用した教育に関する普及活動をおこなっているマジカルトイボックス(http://homepage3.nifty.com/aac/)を始めた。

「学校には、言葉を発することもできない、言葉だけでは認知できない生徒もいます。しかし、一見まったく反応がないような生徒でも、たとえば、その人に合わせたスイッチをつくることだけで、情報を受け取ること、自分から意志を発することができることもあります」

そう言って、金森さんは学校の教室にある数々のスイッチを、わたしに見せてくれた。個々の障害の状態に合わせたスイッチが必要だから、その分だけスイッチの数もある。

金森さんが，いろいろなスイッチの説明をしてくれた

押すことが苦手な人には引くスイッチ「プルスイッチ」が有効、ひもで引っ張るスイッチは、肩や耳にかけることで、小さな力で電動車いすなどを動かすことができる。棒スイッチは、指先が動かなくても手首の回転でスイッチすることができるし、棒が長くて見やすい。わたしも押してみたが、カチッという感触がとてもよかった。重度の生徒のなかにも、自分が動かせるスイッチだけでパソコンで電子紙芝居を楽しんでいる生徒もいる。

「これがビッグスイッチです」

金森さんはそう言って、直径が一五センチもあるような真っ赤で大きなスイッチを取り出した。

そのスイッチは、的が大きいのでストライクゾーンが広く失敗しないで押せるスイッチで、あらかじめ録音した声などを再生する機能もあるものだ。

筋ジストロフィーなどの障害では、広い範囲の操作が苦手なので、逆に細かいスイッチが有効だ。また、ＡＬＳの患者さんなどで、まばたきでコミュニケーションをしている人もいる。五十音表を前に、まばたきを合図に、文字を選択する「スキャン」とよばれる方法だ。ハイテクなものでは、筋電や脳波や脳血流に反応するスイッチもある。

身体に麻痺があっても、自分の口の代わりになるものがあればいい。

「必ずしも機械でなくていいんです。取り残されている人をつくらないで、子どもたちの世界を広げるために一番効果的な選択ができることが大切です。外界に働きかけ、外界と接触することで、人は成長しますよね。わたしたちもそうですが、障害児もそうなのです」

陽介君

二〇〇五年春に、社団法人東京青年会議所の世田谷区委員会の若い人たちが、自分たちのまちである世田谷区を多くの人に住みやすいまちにしたいと考えているので協力してくれないかと、わたしを訪ねてきた。ちょうど、「自分の住む地域で何かできることをしたい」と思っていた矢先だったので、「第一回ＴＨＩＮＫ　ＳＥＴＡＧＡＹＡ（思いやりある街づくり　みんなで考える世田谷ユニバーサルデザイン)」というユニバーサルデザインのコンテストの委員を引き受けた。
このコンテストは、「三軒茶屋をモデルケースとしたユニバーサルデザイン」の取り組みをテーマに、地域の小学生などからアイディアを応募してもらうというもので、アイディアのなかで優れているものを表彰し、関係各所に働きかけ、そのアイディアを実現させていきたいという企画だ。自分が住んでいる地域でもこのような動きがでてきたことを喜ばしく思ったのだが、そのコンテストで、もう一人の委員だった早稲田大学芸術学校教授の卯月《うづき》盛夫《もりお》さん(53)に出会った。卯月さんは、光明養護学校がある梅ケ丘で、一九八三年にスタートし、その後全国の手本となった「参加のまちづくり」のプロジェクトを、現在、世田谷区の総合福祉センターの相談訓練課長の木谷《きたに》哲三《てつぞう》さん(53)などといっしょに手がけた人だ。

ある日、卯月さんと木谷さんから、この梅ケ丘でユニバーサルサービスを活かしたまちづくりに取り組んでいきたいので打ち合わせをしようと誘われて、そこで紹介されたのが梅ケ丘在住の視覚障害者の大竹《おおたけ》博《ひろし》さん(42)だった。大竹さんは、羽根木公園で毎年梅が咲く時期に開催される「梅祭り」を視覚障害者にも楽しんでもらおうと、ラジオを通じて開花情報を流したり、世田谷区の「災害情報マニュアル」の点字版がないので、みずからその点字版を無償で制作、関係者に配布するなどしており、これから本格的に地域のまちづくりを積極的にすすめていこうとしていることを知った。

話はとんとん拍子にすすみ、大竹さんを中心に、卯月さんや木谷さんと、まちづくりを考えていこうということになったが、当初は予算もない。まずは、いろいろな人に話をしてもらうことをきっかけに、興味がある人に集まってもらうことから始めよう、ということになり、大竹さんを代表にした「梅ケ丘まちづくり塾」がスタートした。地域には、いろいろな人的な財産があるものだ。探せば強力な推進者がいる。まずは、力を合わせて始めることが大切だということを再認識した。そんな地域の活動を通じて、光明養護学校に息子を通わせているお母さん、杉浦恵子《すぎうらけいこ》さんとも知り合った。

「脳に影があるということで、保育器のなかに入っていたときから、肢体不自由か、運動機能の障害がでるかもしれないとお医者さんに言われました。そのときに、いままでの生活が続けられない、わが家はどうなってしまうのか、という大きな不安でいっぱいになりました」

光明養護学校の高等部一年生になった杉浦陽介《ようすけ》君が入学式を終えたその日に、世田谷区の福祉センターの喫茶店で、お母さんの恵子さんは昔をなつかしむようにしゃべってくれた。陽介君は、しゃべることはできないが、お母さんが口に入れてくれるコーヒーゼリーをおいしそうに食べて、笑みをうかべながら、お母さんの話している内容に耳をかたむけている。

「お姉ちゃんを育てたのと違って、一歳になったら歩くとか、公園デビュー、小学校の入学、といったふしめふしめで、みんなと同じ成長はなかったけど、子育ては同じですよ。障害児の母でも、子育てを楽しんできました」

陽介君は、小さなときから電車が大好きだった。いまでは集めたキップも一八〇〇枚になる。しかし、大好きな電車にだって、初めて乗るときにはとても勇気がいった。二度目三度目と慣れてきても、お母さんは人の目が気になるのに、駅員さんに頼んでから二〇分待ち、なんてことも何度かあったという。わが子を世の中の人がどう受け止めてくれるかわからないし、生活はいつも不安と隣合わせだった。

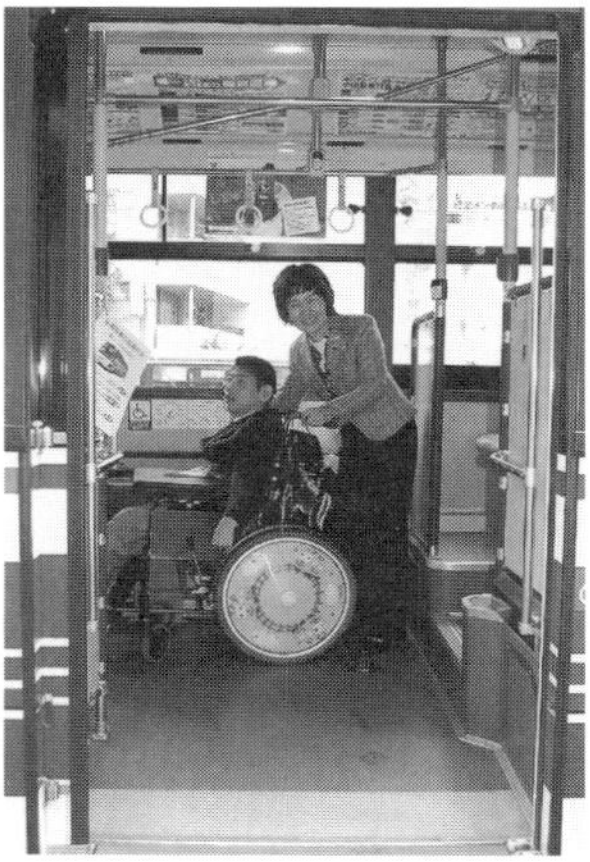

バスにのる陽介君とお母さんの恵子さん

恵子さんがいまでも忘れることができない、いやな思い出がある。陽介君がまだ小学生だったころ、大好きな電車に乗っていたときのことだ。電車のなかで、有名小学校に通う一年生くらいの男の子二人が陽介君を指さしてクスクス笑いだした。陽介君がよだれをたらしたら、今度は声を出して笑った。お母さんは、陽介君に小さい声で「会ったことがないから、仕方がないわよね」と言って聞かせたが、陽介君はいろいろなことがわかるから、そのことに気づいて緊張で足がぴくんと動いた。二人の小学生は、それを見てまた笑った。

本人がこのことで傷ついたら悲しい、これからとても大好きな電車に乗ることをいやがるようになるかもしれないといった思いが、お母さんの頭のなかを駆け巡った。三駅くらいのあいだはがまんしたが、子どもたちが笑うのをやめないので、さすがのお母さんも怒った。

小学生の座っている席まで行って、こう言った。「ねえ、ぼくたち何がおかしいのかなあ」。子どもたちは、はっとしてだまった。自分たちがよくない行動をとっているとわかっていたのだ。お母さんはその後、養護学校の先生にそのことを報告、その先生はその有名小学校に連絡をとり、そのことを学校側に伝えたというが、それが陽介君の見てきた世間でもある。

しかし、陽介君は公立の幼稚園に通っていたので、近所には今でも「ようちゃん！」と声をかけてくれる幼なじみがたくさんいる。

その幼稚園では、車いすを利用した子どもが入園するのは初めてだったそうだが、陽介君は人気者で、陽介君が来ると女の子たちがたくさん集まってしまい、ほかの男の子たちが「ようちゃんはいいなあ」と、ため息をついたというエピソードがあるほどだ。

「うちの子の場合は重度なので養護学校がよいと思いますが、地域の学校の子どもたちと小さいころからふれあっていることの大切さは身をもって感じています」とお母さんは語った。

先日、幼稚園のときにいっしょだった子どもたちが通う中学校の卒業式があった。「卒業式に来なよ」と友人のお母さんたちに誘われていたのだけど、考えあぐねた結果、行けなかったという。

「障害がなかったら陽介が通っていた学校ですから、行きたかった。でも卒業生でもないのに突然この子を連れていったら、学校の先生たちも知らない父兄の人も何だろうって驚いてしまうと思うと連れて行けませんでした。ですけど、さっき、仲のいいお母さんから『何で連れてこなかったの』と言われて、どうして行かなかったのだろうと、いま、すごく後悔しています」

お母さんの気持ちだって日々揺れ動いている。毎日毎日が選択なのだ。視線を意識せず、障害のある子どもたちを、いつでもどこへでも連れて行けるような、陽介君が通っていた幼稚園の延長線にあるような社会を、これからは、あたりまえにしていかなければならないと思う。

陽介君は小学生のときから、コミュニケーションエイドをもっている(本章扉写真参照)。使うきっかけになったのは、金森さんが夏休みに実施したパソコンや支援機器の特別授業に出席したこと。陽介君が文字を理解するようになってきたので、お母さんが買った。

わたしが陽介君に、絵文字を見たいというと、真っ先に電車の絵があるボタンを押してくれた。まだまだ使いこなせていないが、言葉がしゃべれなくてもコミュニケーションエイドを使って自分の名前を言うなど、意思表示ができるようになった。

学校の登下校で、仲よくなった駅員さんに「ありがとう」とあらかじめ設定したメッセージを流すことで、毎日コミュニケーションをとっているそうだ。今日は、これから入学式のネクタイ姿をその駅員さんに見せてあげるのだと、はりきっていた。

トライすれば、やれることはたくさんある。陽介君といっしょにいると、元気が出てきた。

法律改正を含め、障害者の教育は、現在大きな転換期にある。刻々と変化する状況のなかで、子どもたちが選べる選択肢が一つでも増え、本人に適した環境が整備されることが最も重要だ。

大好きな仕事

正直に言うと、わたし自身、ぐったりした重度の障害のある子どもたちを見ていると、かわいそうだと思ってしまうこともある。そういった感情をどうしたらいいのか、二〇年ものあいだ毎日、生徒と接してきた金森さんに聞いてみた。

「彼らとあまり接する機会がない人にとって、それは自然な感情だと思います。しかし、障害は、付随《ふずい》するものであって、その人自身ではないでしょう。わたしたちは、彼ら、彼女ら自身とつきあっています。毎日会って、深くつきあっていると、かわいそうといった外見からくる感覚はなくなってきます」

先生と生徒という枠のなかではあるが、そこには人と人としての関係があるという。

「よく『愛される障害者になりなさい』などと言われています。それはそれで、生きていくための一つの知恵だとは思いますが、たとえば、障害者にだって、性格の悪い生徒や不良の生徒がいてもおかしくありません。毎日会うと、いろいろな性格やその人自身とつきあっていくことになります。重度の障害があっても、結局は人と人の関係になってくるのです。ですから、見ためが、かわいそうに思えても相手を知っていれば、そうとは思わなくなります。見学者などから、わたしたちの生徒への対応が乱雑だと言われることもあります。わたしたちにとっては、ふつうな接し方なんですけどね」

養護学校に通う生徒さんの身体を抱きかかえ、身体の向きを変えたり、食事の世話をしている先生方には、使命感のようなものがあるのかどうか、聞いてみた。

「使命感、そういったことはあまり考えたことがないですね」と、あっけない返事が返ってきた。

「仲がよい同僚と、よく言っているんですよ。子どもたちと楽しくつきあうことができて、しかも、給料をもらえるなんて、こんないい仕事は、ほかにないだろうねって」

子どもたちは、とても素直で、自分の思っていることを隠さずに言ってくれるそうだ。好きな先生に、デートしたいなどと、本音で言ってくる。

「そういう環境にいることが、とてもうれしいです。でも、悲しいこともあります。養護学校には、若くして亡くなる生徒がいます。去年も教え子を一人亡くしました。年に一人はだれかが亡くなる。悲しい思いは、いっぱいしてきました」

帰りぎわ、いっしょに帰る途中、梅ケ丘駅で金森さんはわたしに、こんなエピソードを話してくれた。

「以前は、この駅でも、車いすを利用しているとインターホンで駅員をよんでスロープがある別の通路を使用しなければなりませんでした。でも、いまでは、この駅にもエスカレーターもエレベーターもついていています。何代か前の校長が、入学式や卒業式にいつも言っていた言葉があるんです。『世の中は、少しずつ、少しずつ、よくなってきているんだよ』という言葉です。

わたしは、その言葉が好きで、いまでもよく思い出します。そう、障害者を取り巻く環境は、急激にはよくなってはいませんが、少しずつよくなってきていると思います」

じゃんけんゲームの結果

二〇〇五年夏、光明養護学校と、わたしの娘の通う代田小学校との交流授業があるというので親として参加した。近隣の小学校、中学校、高等学校とふれあう機会をもち、お互いを知り合う、継続的に交流することを目的に実施されている「交流教育」の一貫だ。

代田小学校の六年生の子どもたちは、自分たちがあらかじめ考えた、養護学校の子どもたちと遊ぶための道具を持って養護学校に着くと、車いすを利用する子どもたちと体育館でゲームを始めた。

小学生が考えたゲームは、風船で遊ぶゲームだ。軽い風船だったら障害があっても遊ぶことができる。わずかだが動かせる手を使って、障害のある子どもたちも、車いすに乗りながら、風船を打った。体育館いっぱいに、あがったり、落ちたりする色とりどりの風船が舞う様子は、アートの展示会のようだ。

つぎに子どもたちがおこなったのが、ジャンケンゲームだった。遠くから授業を見ていたわたしに不安が走った。おそらく半数以上の子どもたちが、手のひらを動かせるとは思えなかったからだ。

しかし、チーム別にジャンケンゲームが始まると、わたしの不安はすぐに消え去った。あるチームでは、車いすを押している小学生が代わりにジャンケンをしている。子どもたちの手をグーやパーのかたちに動かしてあげているチームもあった。

勝ちぬきゲームだ。みんながあちこちで、いっせいにジャンケンをする。「勝った！」、「負けた！」と大きな声があがり、皆がいっしょになって、大騒ぎが始まった。

その様子を見ていたわたしに、初めてわかったことがある。ジャンケンができるかできないかは、問題ではないということだ。

そう気づかされて、わたしは見学に来ている両方の学校の親御さんたちと目を合わせて笑った。障害のある子どもたちに、何ができて、何ができないか、予想することはむずかしい。大人なら事前に、いろいろなヒアリングをして、これはだめ、あれもだめ、といった配慮をするかもしれない。子どもたちは、そんな配慮はできない。しかし、子どもたちは同じ目線で考え、みんながいっしょに遊べることを考えた。子どもは遊びの天才、自分が楽しむことを考えたら相手も楽しめることを自然に思いつく。

そうだ、できることも、できないこともあるというのは、子どもたちの存在そのものである。大切なのは、いっしょに遊ぶということ、いっしょに遊ぶ方法は、遊びながら考えていけばいいということ。

相手ができないことを最初から探すのではなく、最初から慈善行為をしようと考えることでもなく、ごく自然体ですすめること、そういうことの大切さをわたしは、子どもたちに教わった気がした。

「言葉がしゃべれない子もいるし、耳が聞こえない子もいます。最初は、自己紹介はどうすればいいんだろうと戸惑う小学校の子どももいました。でも、言葉が使えなければと、似顔絵を描いて渡してくれた子どもがいて、もらった子はとても喜んでいました」

副校長である葛岡裕《くずおかゆたか》さん(48)は、以前のそんな交流を、わたしに教えてくれた。

「小さいころから周囲に障害のある子がいれば、相手のことが自然にわかるようになります。今回の六年生は、五年生のときにも交流授業をしているから、昨年より、もっとよい授業になったのだと思います」

最後のプログラムは、歌だ。全員で歌うのだが、養護学校の子どもに、マイクが渡されると、その子は大きな声で元気に上手に歌った。「うまいですね」と言うと、葛岡さんは私に「あの子はマイクをもつと、離さないのですよ」と言った。彼の声は、養護学校の体育館いっぱいに響いた。

ボールをもつことができないとか、ジャンケンができないとか、だれが勝ったとか、そんなこととは関係なく、大きくて元気な歌声が子どもたちの笑いを誘った。

基準をつくるから、バリアがつくられる。しかし違う価値基準で物事を見ると、新しい社会が垣間見えてくる。参加しているみんなが楽しいと思えること。そのことが、重要なのであって、ジャンケンができるとかできないという基準は重要なのではない。歌を歌って、まわりに笑顔を誘った生徒は、自分も楽しみながら、みんなにも楽しい時間を提供してくれた。さまざまに異なった子どもたちが、それぞれに、自分のことを表現している。

養護学校との交流授業は毎年実施されている。来年は、どんなゲームを考えてくるだろう。相手のことを知り、ふれあって、さらに楽しく遊ぶ方法を考えること。それは、これからの大人たちがつくらなければならない〈ユニバーサル〉な社会そのものではなかろうか。結論だけを先に予想するのではなく、トライをしていくことがいま必要だ。

人の意識も、時代も、いったいどのような変遷を経て、どのように変わっていくのだろう。

ずっとこの地域に住んでいたのに行ったこともなかった家のすぐ近くの養護学校と、ずっと前から関心をもっていた米国の最先端の研究所は、いくばくかのときを経て、わたしのなかで一つにつながった。そう考えると、近い将来、陽介くんが使用する最新のＶＯＣＡは、その研究所で、いまつくられているものかもしれないし、いま、殿岡さんが編集した本を見て、大学に行こうと勉強している障害のある学生たちは、これから世界の最先端の技術をつくってくれるかもしれない。

時は熟しているようにもみえる。たとえ、小さな地域からでも、問題意識をもった個々の人たちが協力しあってその輪が大きくなってくれば、大きな壁もくずし、これからの新しい時代を切りひらいていくことができる。

最先端のハイテクだけではない、人と人のこころの交流を含めて、あらゆる機会を活かして、これからの子どもたちが笑顔でいっぱいで、学ぶことができる環境を創ることは社会全体の役割だ。

トーキングエイド（たとえば）
（携帯型意志伝達装置）
各部の機能
なかなかスグレものだけど、もっともっとすぐれてほしい
カード型PHSをしこむとこ
これでメールの送信ができて、電話もかけられます
液晶ディスプレイ
電源
声は男女 抑揚、スピードなど変えられます
文字入力キー
ダイヤル、数字入力キー
ケータイみたいに、一文字入れると、よく使う単語が表示されます。どんどん勉強していきます
使い方
50音等文字盤を押していくことで会話やメッセージを作ったら音声にして出します
角度も自在に変えられる車いす用アームもある
使われ方
とくになし。いつものやりとりをして下さい
（相手のペースを考えて話すのは誰に対してもいっしょ）

第四章
まちづくりのソーシャル・インクルージョン

笑顔がよく似合う愛さん

愛さんの言葉

堀内愛《ほりうちあい》さん(28)が四歳のとき、両親が離婚した。それまで家族は、お父さんの転勤のつど全国各地を転々としていたが、そのときに実家がある青森にもどり、お父さん、妹と愛さんの三人で暮らすようになった。

遠くに住んでいたお母さんが青森に来てくれたことがあった。久しぶりにお母さんに甘えた後、お母さんが帰ってしまって、とても寂しかったことを、いまでも鮮明に覚えている。「お母さん、もうどこにも行かないで」という声をふりきって、お母さんは、遠くに帰っていってしまった。愛さんは、駅のすぐ近くの家に住んでいたので、それ以来、電車の音が聞こえるたびに、お母さんがその電車に乗っていて、家に帰ってくるのではないかと、息をこらして待っていたことを、いまでもよく思い出す。

愛さんが中学二年生のとき、おじいちゃんが亡くなった。お父さんは、おじいちゃんと二人で燃料店を経営していたが、一人では続けられる仕事ではなかったので、お店をたたみ、会社勤めになった。そのとき、お父さんが仕事でどんな苦労があったのか、いまでも知る由《よし》もないが、その後、お父さんは朝からお酒を飲むようになり、アルコール依存症で入院してしまった。

そういった家庭環境のなかで育った愛さんは、学校で、お父さんやお母さんの話をすることができなかった。そのためもあってか、口数が少なく、ほとんど友だちがいない学校生活を送った。

そんな愛さんが、高校生になってから歯を食いしばって打ちこんだのが勉強。勉強をして、いまの生活からぬけ出そうと思ったからだ。とはいっても、家には大学に進学するお金はない。それならば、ということで奨学金に挑戦。見事、たった一名しか通らない狭き門を通過した。

「将来は、人や社会の役に立つ仕事がしたい。森を再生させる仕事につきたい。一番やりたいことは、ブラジルで、熱帯雨林の植林をすること」。そんな大きな夢をいだいて、東京農業大学農学部の国際農業開発学科をめざすことになった。

奨学金で学費はまかなえても、生活費まではまかなえない。雑誌を見ていたとき、目に飛びこんできたのは、新聞奨学生の募集だった。新聞配達をしながら、友だちもつくって、学校にも通うことができると思った。

志望大学に合格し、上京して新しい生活が始まったが、新聞配達に加えて、学校で勉強するというのは予想以上に辛《つら》いものだった。暗いうちから起き出し、配達を終え学校に行くと、すぐ夕刊の配達になる。週末は集金の仕事がある。せっかく東京に出てきたのに、自由になる時間がほとんどなかった。ほかの学生がサークル活動などに参加して、楽しそうにしているのがうらやましく思えた。

そんなとき、新聞配達をしている先輩とつきあい始め、その人とすこしでも長い間会っていたいという思いから、毎晩、新聞の配送所のビルの屋上で話をするようになった。話をしていると、すぐに明け方になり、配達の時間が来る。そんな毎日が続いた。寝ないで朝から新聞配達をして学校に行くので、授業中眠ってしまう。そのうち、大学に行くのがおっくうになり、授業をさぼるようになった。

疲れがたまっていたせいだろうか、雨の日に自転車を倒してしまい、配達するはずの新聞を台無しにしてしまう、配達が遅れてしまう、集金の金額が合わない、そんな失敗が続き、上司からひどく怒られた。自分でも思うように仕事ができないことに憤りを覚えた。

ある日、上司から新聞配送所の宿舎から、ひどく老朽化した安アパートに移るように言われた。上司に嫌われたのだと思った。配送所での人間関係がうまくいかなくなり、人に気をつかうのも嫌になった。

アパートに越してしばらくしたある朝、配達にむかうため靴をはこうとすると、何やら足の下でごそごそ動くものがいる。足をあげると、靴からゴキブリが出てきた。驚いたショックで立ちすくみ、手足ががたがたふるえた。不衛生なアパートに住むのが怖くなったが、ほかに移る場所もなかった。

駅のそばにあるそのアパートからは、人がいっぱい見える。外にいる人が、窓から自分のやっているとをすべて見ている気がした。そう思うと、人の視線が怖くなってきた。

生活費をまかなうためにアルバイトもしたが、続かなかった。大学にも通うことができなくなり、その後、すぐ近くの銀行にさえ、行くこともできなくなった。ひきこもりがちになっていたが、それだけではなかった。どうにも気がめいって、落ち込んだ。何もかもが悪いほうに流れていった。

高校生のころにあこがれていた夢の都会暮らしが、目の前で音をたてて崩れていった。あれだけ勉強して大学に合格して奨学金ももらったのに、このままだと、大学も中退だ。外出もできないから仕事もできない。家族も、お金も、そして、決して贅沢ではないささやかな生活も、何もかも失ってしまったと思った。心のそこから何ともいえない悲しさが、こみ上げてきた。いったい自分はこの先、どうやって生きていけばいいのだろうか。毎日、幾度となく大きな不安が津波のように押し寄せた。とがった刃物がつきささったかのように、胸が痛む日々が毎日続いた。

――ここで愛さんの記憶はなくなる。

意識を取り戻したとき、白衣の看護師さんが見えたので、自分が病院にいることを知った。聞くと、救急車で運ばれたのだという。愛さんがいたのは、精神科の病院の保護室だった。大学二年生の五月のことだ。
「自分は、何をしたんだろう」。愛さんは、病院で自問自答をくりかえした。何があったのか、どうしてここにいるのか、何も覚えていないが、不安だけが日に日に増していった。「もう元の生活に、もどれないかもしれない」。そう思い始めると、悲しみがこみ上げてきて、涙が頬を伝い、とめどもなく流れていった。

数日が過ぎた。誰かに会いたいと思って、新聞配達をしていたときにつきあっていた人に電話をしようと思った。番号がわかったので電話をすると、その人とはとっくに別れてしまったことを知った。ずいぶん長い間の記憶を失ってしまったらしい。

愛さんは、病院で薬剤の投与などの治療を受けながら、ずっと泣いて暮らした。入院は、二カ月間にもおよんだ。

愛さんは、青森の喫茶店で、ほんとうにゆっくりと言葉を選びながら、どこか遠くを見るように、澄んだ目をして、わたしに話をしている。

彼女の目は、不思議な輝きを放っている。悲しいときの話になると、その目は悲しそうに変化する。うれしかったときの話になると、うれしそうになる。その表情からも、人一倍、強い感受性をもっていることがわかった。

世の中の悲しさをいっぱい心にしまいこんだ愛さんは、ふつうなら、ごまかしてしまうようなことも、ごまかしきれず、受け入れてしまったのだ、と。

強くて、何でもできる人ばかりがいるのが世の中ではないし、そういう人が必ずしも素晴らしいわけでもない。人は、それぞれ感じ方も、その強さも、弱さも違う。愛さんは、確かに、できなかったことはあったが、その反面できたこともある。

繊細に、自分の目の前で起こっていることを、全身で受け入れた愛さんを見ていると、この人の存在を無視してはいけないし、この人が体験したことを、まわりの人、同じ社会にいる多くの人が共有しなければならないと思う。

だれもが、愛さんと同じような環境で、同じような状況にいたら、病んでしまうこともあるだろう。ひきこもってしまいがちな人や精神的に病んでいる人が多い現代社会において、愛さんの存在はとても身近だ。

しかし、そういう人の存在を、わたしたちはいままでずっと無視してこなかっただろうか。わたしもそうであったが、精神障害に関する知識もなく、関心もないという人が社会にいるほとんどではなかろうか。「わたしとは関係のない精神障害者」という壁をわたしたちは、無意識につくってはいないだろうか。それだけではない「かかわらないほうがいい」という視線で、彼ら、彼女たちのことを見ているのが、わたしたちの現実の社会ではなかろうか。

救急車で運ばれる前、ほんの少し、だれかの支えがあれば、愛さんは大学を卒業して、病院に入院しなくてもすんだかもしれない。いまからでも遅くはない。愛さんのような当事者を支え、たとえ少しずつでも社会にもどっていける仕組みをつくっていくことが求められている。愛さんの言葉は、その必要性をわたしたちに教えてくれる。

愛さんが退院して青森に戻ってきたのは、一九歳のとき。みんなが自分のことを見ている気がして外出することができなかったので、三年くらいは家で寝てばかりの生活だった。その後、地域のデイケアセンターに通うようになり、「すごく元気になった」時期もあった。同じセンターに通うボーイフレンドもできた。

二五歳のとき、再発し、また入院した。そのときは、すぐ保護室に入れられた。深夜になると、ボーイフレンドの名前や病院の先生の名前を大声で呼んで暴れた。一晩中、大声で泣いて夜をあかした。同じように保護室に入っていた隣の部屋の女の人は「お母さん」、「お母さん」と叫んでいた。お母さんのことを思いだして悲しくなった。

「どうして大学生活を続けられなかったのだろう、どうして病気になってしまったのだろう」。病院の真っ白な天井は、愛さんをあざ笑うかのように思えた。天井を見つめていると、その白さが、とても際立ってきて、息苦しくなる。うそであってほしい。ある朝起きて、「夢だった」と思うことができればどんなに幸せだろう。「わたしは精神障害者。もうふつうに暮らしていくことはできない」。数々の言葉が愛さんを苦しめた。

入院は、六カ月にもおよんだ。面会もできるようになったときに、訪ねてきてくれたのが、根本俊雄さん(54)という人だった。

みんなといっしょに「花いっぱい運動」をしよう

俊雄さんの第一印象は、サンネット青森というNPOの事務局をしている「風変わりなおじさん」だった。あとから聞いた話だが、俊雄さんの当時の髪が、白髪染めのせいでオレンジ色になり、ボサボサになっていたからそう思ったそうだ。愛さんは、サンネット青森が、精神科に通院している人たちが気楽に立ち寄れる場だということは、同じ病気のある人から聞いていた。

俊雄さんは、面会時、愛さんの話をとことん聞いてくれたという。退院してアパートを探し、一人暮らしをしたいと相談すると、「まかしておいて」と言って帰っていったそうだ。

その後、俊雄さんの妻で、サンネット青森の代表を務める根本あや子さんが来てくれて、病院からの外出許可をとってくれた。愛さんは、あや子さんといっしょに不動産屋を巡り、アパートを見つけた。精神科で入院しているなどと言うと、アパートはまず見つからない。根本さん夫妻の献身的なサポートは、愛さんの心にしみた。

いきなり一人暮らしをする、といっても不安であろう。根本さんたちのすすめで、愛さんは、借りたアパートにまずは、一人で一晩寝てみた。問題なく「泊まれた」ことを確認したうえで、引っ越しをすることになった。

愛さんはそれから、近くにある根本さんの家で、食事をごちそうになったりしながら、しだいに一人暮らしに慣れていった。

ある日、根本夫妻から、サンネットが実施している商店街のプランターに花を植える「花いっぱい運動」に参加しないかと誘われ、参加してみた。春はパンジーや二輪草。初夏には、ベゴニアやサルビアに植え替える作業だ。新しく植えるだけでなく、花ガラや枯れ葉を取り除くなどの、手入れもある。毎回九、一〇人で三つのグループにわかれて年間三五回ほど作業がある。

夏の暑いときには、水やりも週二度。台車に大きなバケツを積んで、商店街のところどころから水をもらい、まく。

たくさんのきれいな花で、まちをいっぱいにしていく作業は、やっていて楽しいし、愛さんは、もともと農学部、植物は大好きだ。「きれいね」などと、声をかけられて、地域の人との自然なふれあいもある。

「花いっぱい運動」は、まちづくりに貢献しているということで知られているから、「えらいわね」、「サンネットさんでしょう」などと言われることもある。そんなときは、少しだけど、世の中の役に立っている気がする。そんな気持ちも支えとなって、愛さんは、二年間、この活動をずっと続けることができた。

この事業は、地域の人とふれあう機会ができることで精神障害者にまとわりつく偏見を少しずつ取り除いているのだが、じつは、これは、青森駅前にある新町商店街からの委託事業で、サンネット青森が、二〇〇四年から「あおもり新鮮組」というＮＰＯと連携して展開している。精神障害者は、最初からフルタイムで働くのは無理でも、この花事業なら気軽に参加できる。愛さんたちも、多くはないが収入を得ることができるし、一方の商店街は、専門業者に頼むよりもはるかに安い金額で、商店街を花いっぱいにすることができる。

「花いっぱい運動」をしながら、愛さんは、しだいにサンネットのたまり場にも通うようになった。最初は、三〇分位しかいなかったのだが、しだいに数時間を過ごすことができるまでになった。メンバーとも仲よくなって、居心地がよい場所だと思うようになり、デイケアセンターではなく、サンネットに基盤をおいてやっていこうと思うようになった。

仕事を始めるまでの仕事

二〇〇〇年一二月、商店街が始めた「お買い物宅配」は、新町商店街の「人と緑にやさしい街づくり」の一環事業で、「買い物した荷物を手に下げて帰るのがたいへん」、「小さな子どもの手も引かなければならず、困った」――といったお客さんのため、その日のうちに、買った荷物を自宅まで宅配するサービス。高齢化がすすむ商店街で、とても評判がいいという。

午後四時までに受けた手荷物を、青森市内ならほとんどどこでもその日のうちに一個三〇〇円で届ける。取り扱い店は、新町商店街を含む七つの商店街の加盟店約一六〇店舗と多い。

きっかけは、サンネット青森の副代表を務める狭間《はざま》英行《ひでゆき》さん(40)が、宅配事業をしていた越谷《こしや》秀昭《ひであき》さん(47)という高校時代の先輩から、「手伝ってくれないか」と言われたこと。

二〇〇五年の秋、サンネットが、黄色の目立つ台車を新たに購入して集荷作業を開始したというので、わたしも、この宅配に立ち会ってみた。

店に入って荷物を受け取ったり、集金をしたりする仕事を担当したのは、狭間さん。「雪で困っていたら、サラリーマンの人が手伝ってくれたんです」と、うれしかった話をわたしに語ってくれた。

この事業によって、狭間さんたちは雇用の機会を得ることができたわけだが、それだけではない。高齢化がすすんだ商店街で、荷物をもって帰るのが辛《つら》い高齢者などが、手ぶらで買い物ができるようになり、障害者をまちで自然に見かけることで、その偏見も薄まり、まちの人とのあたたかい関係も生まれた。商店街とＮＰＯがうまく連携したまちづくりが評判にもなり、最近では、新町商店街のまちづくりに学ぼうと他県から見学に来る人も多いという。ここでは、みんなでまちをつくっているという意識が生まれているが、考えてみれば、本来みんなのまちは、みんなでいっしょにつくるものだ。

宅配をやっているある若者は、いままでは人に「仕事は何をしているの？」と聞かれるのがいやだったそうだ。たしかに「無職」とか「何もしていない」と答えるのは、容易なことではない。しかし、宅配を始めてからは、そう聞かれたときに「配達をしています」と答えることができ、気持ちが明るくなったという。その話を聞いて、自信が重要なのだと感じた。より多くの人が社会に参加できるようになることが、その人を勇気づけ、その人がもっともっと社会に参加できることをうながす。より多くの人が社会に参加すれば、社会は活性化する。

障害者は一般的には働く場所は少なく、福祉的就労の賃金はとても低いと言われている。しかし、福祉的就労以外にも、仕事はたくさんあるはずだ。仕事ができる人はたくさんいるし、「ハンディ」があってもグループで請け負えば、補いあって仕事をすることができる。

障害者に、雇用の機会を与えよう、税金を収めてもらおう、といった掛け声がよく聞かれるようになってきたが、長い間養護学校に通ったり、長い間施設で生活をしていた人、あるいは、病院から退院したばかりなどといった人たちが、すぐにフルタイムで働けるようになるわけではない。

重要なのは、その人にあった社会参加のプログラムが提供されることだ。たとえて言えば、急な階段をあがるのがつらい人には、傾斜のゆるいスロープを設置し、それを利用してもらえばいい。スロープがあれば、時間はかかるかもしれないが、のぼることができる。無論、社会全体を一気に変えるのは無理だろう。しかし、そういったスロープがあちこちにできれば、それは、やがて社会全体を変えていくことになる。

じつは、これは障害者に限った話ではない。どんな人だって、新しい仕事を始めるときには、大変な苦労やストレスがあるし、最初から仕事ができる人なんて一人もいない。だれでも最初は、スロープが必要なのだ。

試しに働いてみることもできる、そういった機会があれば、少しずつ仕事に慣れて、慣れた分だけ、仕事を増やしていったりすることができる。障害者だけではなく、高齢者や、主婦も含めて、より多くの人にいろいろな仕事の始め方があれば、社会全体の大きな力になるはずだ。

職場体験がもたらす効果

外資系のある大手パソコンメーカーが、都内の知的障害の養護学校の生徒を招いて、職場体験をするというのでいってみた。

その会社で実施された職場体験には、都内七校の養護学校から高校生三〇人が招かれていた。

みんな、スーツに身をつつみ、緊張した面持ちだ。人事の責任者が見守るなか、一人ひとりが自己紹介をしていく。このために学校でも自己紹介の練習をしたのだろうか、みんなとても上手に自己紹介をした。

この企業の取り組みがユニークなのは、この職場体験を通じて、一年間を原則として一定の障害者を契約社員として雇用し、ビジネスマナーやコピーの仕方、パソコンの入力などのビジネススキルを身につける機会を提供している点にある。

学生にとっては、会社に就職する前に、会社での生活がどのようなものか知りたいだろうし、仕事で必要とされるスキルを少しでも身につけておきたいと思うだろう。すぐに戦力となることがむずかしくても、少しずつ戦力になっていくことができる学生は多い。

この日は一日だけの体験だったが、生徒たちは、ここで働いている先輩の障害のある人たちから、仕事の内容や、ワード、エクセルを使用したパソコン入力の仕方まで教えてもらっている。

多くの生徒が目を輝かせながらパソコンのキーボードをたたいていく。その真剣な表情から、彼らがパソコンを学びたいという強い意思をもっていることが見てとれた。簡単な入力作業が終わり、自分が作成したデータがプリントアウトされると、一人の生徒が「わーい」と、うれしそうに声を出した。多くの生徒が、自分がパソコンを利用してデータをつくれたことを喜んでいた。

楽しみながら仕事のスキルを学んでいる学生たちを見ていると、こういったプロセスを経ることで、自分ができることを増やせることに気づかされる。

障害者雇用促進法では、従業員五六人以上の民間企業に、全従業員の一・八%以上の身体障害者か知的障害者を雇うことを義務づけている。この法定雇用率を守るのは、企業の当然の義務だが、実雇用率は、一・四九%にすぎない(厚生労働省「平成一七年六月一日現在の障害者の雇用状況について」による)。さらに、たとえその数字を守っていたとしても、障害者の雇用を積極的に実施している企業は限られている。

しかし、企業にとっても、雇用する人が具体的にどのような仕事ができるのかを把握することができ、その仕事が会社の役に立つということを実感することができれば、積極的な雇用がすすむはずだ。そういう意識を企業側がもつためには、雇用にいたるまでのプロセスがとても重要だと、わたしは思う。

たとえば、集計やデータ入力などは、どの会社でも必ず必要な仕事だ。そういうスキルをもつ人を育てる場があり、就職の際に、そのことを強くアピールすることができるだけでも、その結果は変わってくる。より多くの人を雇用するためにできることは、行政やNPOだけでなく、企業でもたくさんあるし、さまざまな組織が連携することで達成できることはもっとある。

見えない苦しみからの脱出

前に述べた「お買い物宅配」のところで登場した、サンネット青森の副代表を務めている狭間さんは、根本俊雄さんとのつきあいも八年というサンネットの古株だ。

狭間さんは高校二年生のとき、勉強についていけなくなり、学校がつまらなくなり悩んでいた。ある日のこと、風邪をこじらせ、高熱が続いた。高熱はしばらく続き、熱が下がったころには体重が激減していた。幻聴が聞こえるようになったのは、その直後のことだ。家族で夕食を食べているとき、だれかがしゃべったと思って「何？」と聞き返したが、両親は、心配そうに狭間さんを見て「何もしゃべっていないよ」と言う。

不思議に思った狭間さんは、その声を当初は神様の声だと思った。神様が自分だけに声をかけてくれる。自分は選ばれた人だと思うようになった。

両親は、狭間さんのことをとても心配し、何かに取りつかれたのかもしれないと、遠くにある拝み所に行き、祈禱《きとう》をしてもらったり、医者に連れていったりした。狭間さんは、学校では人気者だったので、友だちも心配してくれたが、自分は精神に障害があるとは思っていなかったし、日常生活に支障はなかったので、大きな問題もなく、ときは過ぎていった。

妄想が出てきたのは、青森を離れて仙台の専門学校に在学しているときだ。日本書紀を何度も読み返すうちに、自分は、日本武尊《やまとたけるのみこと》の生まれ変わりだと真剣に思うようになり、いろいろな妄想に悩まされるようになった。

しばらく青森の自宅で療養していた二〇歳のある日、「自分は、親に殺される、だれかに助けを求めなければならない」という妄想で、いてもたってもいられなくなった。自分が本当に殺されるという恐怖心から、だれかに助けを求めなければならないと、家を飛び出し、人がたくさんいる近所のパチンコ屋に行って、そこにいる人たちに「親に殺されます、助けてください」と大声で叫んだ。

しかし、パチンコ屋にいた人のなかで、だれ一人として狭間さんに近づき、彼を助けようとする人はいなかった。もっと注目を集めて、助けてもらわなければならないと思い、今度は、洋服を脱いで裸になり「親に、殺される。助けてください！」と、もう一度大声で叫んだ。それでも、パチンコ屋にいた人はだれ一人として彼を助けようとはしてくれなかった。それどころか、みんなが自分を無視しているように思えた。気がつくと、親と妹が全裸の狭間さんを毛布に包んで車に乗せ、病院に連れていってくれていた。

本人は、必死に助けを求めている。しかし、周囲には、その人が何で助けを求めているのか、まったくわからない。ほかの人からは、狭間さんがどうして苦しんでいるのか〝見えない〟のである。

だから、助けようともしない。さらに悪いことには、まわりの人は、助けるどころか彼らを「怖い」と思ってしまう。そういったことが、いまでも多くの人やその家族を孤立させ、精神的におりつめてしまっている。

自分が体験した苦しい思い、精神障害者が社会から孤立してしまう状況を改善しようと、狭間さんは、サンネット青森の副代表として、学校や自治体でみずからの体験を話すなどして、精神障害者への偏見をなくす活動を積極的に展開している。

「最初は、病気のことを人前で話すのには勇気がいったんですが、しだいに自分がした辛い経験をくりかえしてほしくないという気持ちのほうが強くなってきました」と講演を始めた理由をわたしに語ってくれた。

わたしも青森県内のある中学校で中学一年生の生徒を対象におこなわれた、狭間さんとそのほかのサンネットのメンバーによる講演会を聴きに行ったことがある。講演会で、狭間さんは自分のとても辛かった経験を語りながら、病気の人も含めて、いろいろな人が支えあって社会をつくっていきたいという思いを語っていた。その内容は理屈でなく、生徒たちの心に深く届いていた。

「お買い物宅配」で狭間さんとペアを組み、台車を押すのは、サンネットの理事を務める荒関《あらぜき》繁信《しげのぶ》さん(32)だ。荒関さんは、一五歳のときに発病して一八歳で入院、以来、ずっとひきこもりがちで幻聴に悩まされていたが、二三歳のときに犬を飼い始め、公園を散歩して犬の散歩仲間たちと話をしているうちに幻聴が消えた。その経験から、まちで人と話すと病気がよくなるのではないかと思い、当事者との交流をすすめるサンネットに立ち上げのときからかかわっている。そ

黄色い台車を押す狭間さん(右)と，荒関さん

れ以来、明るく活動的になったと評判だ。

「サンネットに来てから、いろいろなことを病気のせいにしなくなりました。お買い物宅配をやっていて、知っている人に会うと、最初は見られたくないと思いました。しかし、慣れるにしたがって、自分を見てくれ、と思うようになりました。いまでは、まちにいられるし、まちを歩けます。新町で、自分はがんばっているんだと、みんなに言っています」

かつては、自殺をしようと思ったこともあるという荒関さんだが、いまは、前向きに人生を楽しんでいる。話をしていると、荒関さんは、サンネットで出会った女性と結婚したばかりの新婚さんだと知った。新しい人生を、このまちで始めている荒関さんは、その日も、まるで飛脚のように軽快に台車を押していた。

病気をした人は、世の中が怖いとか、道行く人が自分を笑っているのではないかということが気になって、ひきこもりがちになることが多いという。そういう人たちは、最初は、おそるおそる宅配を始めるのだが、しだいに慣れていく。しかし、どうしても人ごみが苦手な人にも、仕事はある。集配所に集めた荷物を台車置き場から、軽トラックを運転し、荷物を届ける仕事だ。ワークシェアリングをしたり、工夫をすることで、精神障害者が、仕事をすることができるということが、ここで証明されている。

「お買い物宅配」の休憩時間に話がはずみ、狭間さんと話をしていると、狭間さんも近々結婚する予定だという。サンネットは、どうも出会いの場にもなっているようだ。そういえば、たまり場には、若い女性が多い。

荒関さんたちは、その日、画廊、スーパー、美容院と、つぎつぎと商店街の店をまわり、荷物を受けとっていった。本当に楽しそうに、いい汗をかいて作業している彼らが、とても頼もしく思えた。

「見えない籠のなかの鳥」

根本さん夫妻は、もともと、横浜市に勤める公務員だった。公務員時代は、二人とも福祉畑を歩んできたため、精神障害者と接する機会も多く、彼らは同じ社会にいながら、障害があるというハンディだけでなく、存在すら否定されていることに気づき、それをなんとか変えたいと思っていたという。

「だれでもかかるかもしれないことなのに、同じ人間なのに、彼らは人間扱いされていないんです。社会にも人にも無視されて、ポツンと一人残されている人もいます。ずっと前から、彼らは『見えない籠《かご》のなかの鳥』だと思っていました。わたしは、籠のなかに閉じ込められてしまって、力を落としていく人をたくさん見てきました」

俊雄さんは、彼ら、彼女らとつきあっていくうちに、その人たちと「相性が合う」ことに気づいたという。この「相性が合う」という感覚は、とても伝えにくいのだが、わたしも感じることがある。いっしょにいると、なぜか、居心地がよいと思う瞬間がある。彼らといっしょにいると、わたしも肩ひじをはらず、自然体になっている自分を感じる。なぜだかわからないが、いっしょにいると、「みんな同じなんだ」ということを再認識できるような気がする。お互いの置かれている立場や肩書きなどと無関係に、一人の生きている人間どうしとして接することができるからかもしれない。

根本さんたちは、ずいぶん前から、精神障害者を支える活動を夫婦で力を合わせて本格的にしたいという夢を持っていた。

そんな夢をいだいて横浜市役所を早期退職して、一九九七年にあや子さんの実家、青森に戻った。あや子さんも、三〇年ぶりに戻ったことになる。地元に特別なネットワークがあったわけでもなかった。五〇歳に近い人間が、いまさら新しい場所でネットワークをつくろうとしても限界がある。どうせなら、思い切ったことをやろうとつくったのが、精神障害者の自立支援を目的に活動するＮＰＯサンネット青森だ。一九九九年七月、空き店舗が増えた新町商店街で喫茶店だった場所を借りて、たまり場をつくった。

たまたま知り合った人の紹介で、ふつうの家賃の半分で貸してもらうことができた。新町商店街が福祉のまちづくりを理念としてかかげていたことを支えとしながら、ひっそりとすすめた。

「まわりにいる人たちが、少しずつ力を出しあえば、彼ら、彼女たちのおかれている環境を改善できると思っていました。本人たちがそれを実感して、同じ病気をもつほかの仲間に伝えていけば、その輪が広がるはずだと思ったんです」と俊雄さんは当時を振り返る。

行政や福祉や施設の関係者とは、あまり縁がないなかで突然始めたことになったが、口コミで、障害のある人が集まるようになってきた。始めてから一年半ぐらいして商店街から、障害者との接し方に関するマニュアルづくりの仕事がきた。そのことがきっかけとなり、福祉関係の団体などといっしょにすすめるのではなく、商店街とのつながりのなかで、活動を広めていくというユニークな展開が始まった。

医療や、福祉の領域といった限られた分野ではなく、当事者自身が元気になっていく方法を、当事者も含めて、まちの人といっしょに考えたい。自由に来て、自由に話す、作業をするだけではなく、交流をする。みんなでいっしょに、まちづくりをすすめていく。それが根本さんたちの活動だ。

「福祉に携わって長いですが、福祉のことを福祉という狭い枠組みのなかだけでやっていたらだめだと思うんです。それでは、いつまでたっても福祉の関係者以外の人たちに、福祉の問題を知ってもらうことができない。障害者の問題を知ってもらいたいのは、福祉関係者以外の人。ですから、商店街を舞台に福祉を考えるほうが、よっぽどいいと思ったのです」と俊雄さんが言うと、あや子さんが、あうんの呼吸でこうフォローした。

「外との交流が少ない施設で働いているのでは、サービスを提供する側と受ける側という関係ができてしまいますが、ここでは『つながり』ができるんです。そのつながりがあるおかげで、わたしたちが思いついたことが、すぐ、商店街の活性化施策にもつながります。いろいろなつながりが財産なんです」。夫婦で同じ目標をもって、いっしょに仕事をしている二人が少しうらやましく思えた。

新町商店街の挑戦

私が、サンネットの活動を知ったのは、二〇〇二年の夏。新町商店街が「ユニバーサルサービス」の講演に招いてくれたのがきっかけだった。

新町商店街常務理事の加藤博さん(57)によると、まちづくりには、政策理念と連携が必要不可欠ということで、新町商店街は、中心商店街とともに〝人と緑にやさしい街づくり〟のコンセプトと〝福祉対応型商店街〟という理念をかかげたまちづくりをしてきた。

段差をなくす、歩行者優先の道路をつくる、歩道を広げてベンチを設置するといったハード面はもちろん、これまでに、高齢者などにオート三輪を無料で貸し出して、楽に買い物を楽しんでもらうタウンモビリティーを始めるなど、より多くの人に配慮したまちづくりを当事者のニーズに即して展開している。

講演が始まる前に、はじめて青森を訪れたわたしを、あちこちに案内してくれたのは、新町商店街振興組合事務局長の堀江重一さん(51)だ。

堀江さんが連れていってくれた駅前の『アウガ』と呼ばれるショッピングセンターには、すべての階に車いす対応のトイレがあるし、商店街の千成《せんなり》という食堂には点字メニューがあった。瀬戸物屋の大坂には、手話のできる店員さんもいる。

新町商店街の仲間たち

「ユニバーサルサービスも、がんばってすすめているんですよ」。堀江さんの笑顔溢《あふ》れるまち自慢話は止まらない。わたしは、こういう人たちが、まちづくりを推進するエンジンになっていることを知った。

わたしの講演会を企画したのも、新町商店街で「ユニバーサルサービス」をこれからすすめていきたいと思ったからだという。講演を商店街の人に聞いてもらい、その後、なにかいっしょに取り組めないかという相談もあった。

新町商店街のまちづくりで興味深いのは、商店街が音頭をとって、行政や商店はもちろん、さまざまなＮＰＯと連携し、当事者の声を聴いて、それを反映したまちづくりを推進してきたことだ。

「この土地は、先祖からもらったものではない。子孫から借り受けているものなのです」。夜も更《ふ》け、商店街の人たちと議論をしていると、加藤さんは、アメリカの先住民族の人たちに代々伝わっているという言葉を、まちづくりの哲学としてわたしに語ってくれた。「自分が生きているあいだに、次の世代が過ごしやすい環境をつくっていくことが次の世代への責務。自分のまちをだれにとっても住みやすいまちにしたい」と加藤さんは力説した。

まちは本来、だれのためのものだろう。自分が住んでいるまちは、自分たちのもの、そしてそこを訪れる訪問者のためのもの、さらには、未来にそのまちに住む人たちのためのもの。まちに住むみんなで協力して、そのまちを、みんなにとってよいまちにしていくというのは、考えてみれば当然のことだ。

しかし、わたしもそうだが、まちは利用するもので、自分にとっては「通過点」にすぎないといった感覚しかもっていない人が、ほとんどではなかろうか。自分の住んでいるまちを愛し、まちにいる多くの人と協力し、みんなでいっしょにまちを育てていく。大きな都市全体ではできなくても、小さな単位から展開していくことならできるはずだ。そういうことが可能であることを、新町商店街は教えてくれている。

思い起こせば、サンネットのことを教えてくれたのも加藤さんだった。加藤さんから、「社会から疎外されたと感じてきただろう若者たちが、街の活動を通じて元気になっている」という話を聞いた翌日、わたしは、アポイントもとらずに、根本さん夫妻に会いにいった。あれから四年、この商店街が、わたしの「つながり」も広げてくれたことに気づく。

感じるまちづくり

サンネット青森のたまり場は、商店街のど真ん中にある。「どなたでもどうぞ」と書かれた看板がある入り口から、細い階段をのぼり、三階の扉をあけると、リビングルームに、大きなソファーがあり、そこでみんな、それぞれ思い思いに過ごしている。

ある人は、まわりの人と賑やかに話をしているし、窓側にあるいすに一人座りこんで何もしゃべらない人、パソコンをしている人もいる。隣の部屋では、打ち合わせをするためのスペースもある。

たまり場には、常連さんがいつも二〇〜三〇人位いるだろうか。半分以上が障害のある人だ。メンバーは、全部で、一〇〇人位いる。

たまり場に来るのはさまざまな人だ。多くは統合失調症の人だが、うつ病や不安障害の人もいる。病名が、はっきりしない人もいる。精神科やクリニックに通院している人もいるし、通院の決心がつかず悩みの段階の人もいるし、通院したこともあったがいまはよくなっているという人もいる。

しかし、ソファーに座ってみんなと話をしていると、「特別な人」といっしょにいるという感覚はまったくない。人よりも少し賑やかだったり、少し物静かだったりする人がいると感じる程度だ。俊雄さんは「個性的な人がいるだけです」と言ったが、まったくその通りだと思った。

最近は、若い女性が多く、たまり場は、とても華やかだ。多くの人が、明るくしゃべっていて、いってみれば学生サークル活動の部室のようでもある。

サンネットメンバーのみなさん．左から，愛さん，あや子さん，俊雄さん，福井さん，狭間さん，柴田さん，桐原さん

根本夫妻をはじめサンネットの人たちは、一度は、精神科やメンタルクリニックなどに通院したことがある人たちのことを「病気」の人というふうに表現しているのだが、その「病気」について研究しているというのが、サンネットに通い始めて五年になる桐原尚之《きりはらなおゆき》さん(20)と柴田牧子《しばたまきこ》さん(29)だ。二人は、二〇〇六年の五月にわたしがサンネットを訪れたときに、当事者がどのように「病気」のことをとらえているのか、パワーポイントでみずから作成した資料で自分たちの

考えを説明してくれた。その説明の後、そこにいるみんなで、議論が始まった。

わたしは、この分野について詳しくない。それならば直接聞いてみようと思い「正直言って、みなさんのどこが『病気』なのかわからない」と質問をしてみると、「病気は、その人そのものではないのです。病気は、その人の一部にすぎません」などという答えが返ってくる。このたまり場は、だれが来てもいい場所だ。いろいろな人と、いろいろな話ができる、おもしろい場所。こういう環境があれば「病気」というものがどんなものか、とても身近なこととして、だれもが知ることができるし、周囲の人がどうすればいいのか、といったことを考える機会も得ることができる。一般的な施設とは、存在する意味が大きく違うと実感する。

サンネットでは、商店街からの委託事業以外には、企業や市民活動助成基金などから得た助成金が主たる収入となるが、そういった事業は、単年度の事業であることも多く、毎年申請をしても取れるかどうかわからないので、運営は綱渡りだ。

その日も、たまり場で、根本さんたちは行政からの研究助成を得るためのプレゼンテーションの準備をすすめていた。聞くと、桐原さんと柴田さんも、そのプレゼンテーションの後半で、発言をするという。

翌日実施したそのプレゼンテーションで、障害者の社会参加の必要性を桐原さんと柴田さんが当事者の立場から訴えると、障害者みずからが、プレゼンテーションをするとは思っていなかったのだろう。会場がシーンと静まりかえった。行政の人たちは二人の発言にとても共感し、結果、その研究事業をすすめることになったそうだ。

行政が大きな予算をつけても、なかなかできないことが、ここではすでにできている。まだまだ規模は小さいが、いままでの常識を超えて、白紙に思いつくままに、フリーハンドで絵を描いているのが根本さんたちの活動だ。

この活動は、運動体だ。障害のことをだれより知る本人たちが、あるときは、講演の講師になり、プレゼンテーターにもなる。だから、障害者が、まちで暮らしていくために、どういうことが必要なのか、商店街の人も、行政の人も、「感じる」ことができる。彼らが仕事をすることが地域にも貢献するから、「感じる」人の輪がもっと多くの人に広がる。その舞台となっているのがまちだから、行政もそれを支援する。そこから、まちを歩いている人の笑顔が生まれる。まちを舞台に、多くの人がソーシャル・インクルージョンをしていくことが、このまちをつくってきた。このまちに、これからの地域社会のありかたを見た。

「夫婦二人合わせて収入は一三万円ぐらいですから、公務員時代に比べてはるかに貧乏なんですが、やりがいがあって楽しいんです」と俊雄さんは言うが、このような活動をする人たちが、それなりの金額の収入を得るようにならないと、その後に続く人が増えてこない。

社会に有益な活動をする団体に、資金がまわってくるような恒常的な仕組みをつくることがこれからの社会全体の課題だ。どこかで無駄に使われているだろうお金の流れを変え、本当に有効な施策にそのお金を配分するだけでも、それは可能になることだろう。

根本さんたちの次の課題は、サンネットで働いてくれる人への給与の支払いだ。お買い物宅配などをやっても、わずかなアルバイト代ぐらいにしかならない。彼ら、彼女らの多くは、障害者年金に加えて親からお小遣いをもらったりして生活しているのが現実。

彼らが経済的にも自立するためには、サンネットが、彼らに毎月七万円程度の給料を出していけるような組織にしたい、と語っていた。

「しかし、一番大切なことは、お金を稼ぐことではなく、仲間と力を合わせる、そういった経験を積んでもらうということを考えています。いろいろな人たちと交流しながらいっしょに生活をして、同じ目線で同じような生活をしながら、それをつくっていきたいです」

空港設計をコンサルタント

二〇〇一年の一一月、ある新聞記事が、わたしの目に飛び込んできた。そこには、中部国際空港の設計に「ＡＪＵ自立の家」が、コンサルタント契約を結んだことが書かれていた。当初のコンサルタント契約は、三カ月で五四〇万円だという。

空港の設計に障害者が参画することは、いままでほとんどなかったことだろう。これからの時代を象徴する画期的なできごとだ。わたしは、この記事に本当に驚き、また喜び、こういったことが、今後の公共事業のモデルになるといいのでは……そんな期待をユニバーサルデザインの仲間たちと語り合い、おおいに盛り上がった。

それ以来、一度は訪れてみたいと思っていた、愛知県にある社会福祉法人「ＡＪＵ自立の家わだちコンピュータハウス」を、二〇〇五年六月に訪問した。

「地下鉄の駅を降りて、エレベーターに乗り、地上に出たら、右側に歩いてください。郵便局の前から点字ブロックに沿って歩いて来るとたどり着きます」

わだちコンピュータハウスへの行き方が書かれたメールのコピーを片手に、駅から階段ではなく、あえてエレベーターを使用して地上に出ると、右側に郵便局があった。メールの指示通りに点字ブロックの上を歩いて行くと、五分程度でわだちコンピュータハウスに到着することができた。

この案内方法は、車いすの利用者でも、視覚障害者でも、そしてだれにでもわかりやすく目的地に行くことができる簡潔な案内方法だ。単なる行き方ひとつとっても、簡潔で、かつ多くの人に配慮されている。こういったことが、自然にできるということこそが、じつは一番大切なことなのだ。あらためてＡＪＵ自立の家の活動の奥深さを感じた。

わだちコンピュータハウスの職場風景

　扉をあけると、古い建物の職務室には、多くの、障害のある人たちが働いているのが見えた。「こんにちは」とあいさつをすると、勤務している所員の多くの方が、「こんにちは」とあいさつを返してくれて、そのうちの一人が「どなたか、お呼びしましょうか」と私に声をかけてくれた。

　案内をお願いしていた松本祐子《まつもとゆうこ》さん(41)を呼び出してもらい、彼女を待っているあいだ、声をかけてくれた所員の方と話をすることができた。外からの人をさりげなく包みこむ、ゆったりとした余裕が、ここにある。時間に追われているために多くの企業などでは感じられないこの雰囲気こそが、じつは、ソーシャル・インクルージョンをすすめていく最初のステップにおいて、とても重要なことだと感じる。

　松本さんが来ると、事務所に通してもらい、ＡＪＵ自立の家のことについて話を聞いた。フルタイムで働いて二年になるという松本さんご自身も、脳性麻痺《まひ》という障害がある。

「ＡＪＵ自立の家は、重度障害者が、よりよい生活をするために、住むところや働くところを提供したり、楽しめるところをつくろうという趣旨で設立された社会福祉法人です。

　もともとは、一九七三年に、車いすの仲間の、『外へ出たい、学校も行きたい、働きたい、結婚もしたい、人並みな、あたりまえの生活がしたい』という素朴な気持ちから、『愛知県重度障害者の生活をよくする会』が結成されました。

一九九〇年、『地域社会で生活したい』という願いを実現させるために模索しているとき、〝障害者の下宿屋〟『福祉ホームサマリアハウス』ができました。〝下宿屋〟は一生の生活の場ではありません。入居は四年の期限付きで、重度の障害者の人が、親元や入所施設を出て一人暮らしをできるようになる、社会へ巣立っていくためのステップの場となっています。自立した生活をしていくために、ここでは職員が何でもは、やってくれません。自分の生活は自分で考えて組み立て、自分で行動し、自分のことは自分で責任をもつ生活をしています」

このように、松本さんは話してくれた。

障害者の自立支援へのこのような取り組みが、日本でも早い段階からなされている。こういった団体の活動のうえに、いまの自立を支援するかたちができていることを、あらためて認識した。

〝下宿屋〟と同じ一九九〇年にスタートしたのが、障害者の働く場所「わだちコンピュータハウス」だ。わたしが訪ねているＡＪＵ自立の家は、その職場をかねている。それ以来、ＡＪＵ自立の家では、住むことと、働くことを提供するようになった。

それまでの手先を使っての作業は、障害者にとって「ハンディ」が大きかったので、コンピュータによる作業に目をつけたそうだ。わだちコンピュータハウスの前身である無認可作業所「わだち作業所」を開設したのが一九八六年。その当時に、障害者とコンピュータを結びつけたことは、先見性がある。

話を聞いた後、松本さんに、わだちコンピュータハウスのなかを見学させてもらった。わだちコンピュータハウスの業務内容は、宛名印刷、封筒詰め、さまざまなデータの入力業務やコンピュータ業務のシステムの開発、アンケート調査に関する業務から、官公庁のホームページの作成など幅広い。

ＡＪＵ自立の家わだちコンピュータハウスには、二〇〇六年現在、四〇名の所員と、十数名の職員、アルバイトが働いており、営業部、入力部、システム開発部、調査企画部という部門があり、その日も多くの人が、いろいろな仕事をしていた。わだちコンピュータハウスは会社組織のようにも思えてくるが、個々の所員に合わせた仕事づくりをしているところが、一般の会社とは違うことだ。

案内してもらった資料室の棚は、ファイリングされた膨大な報告書で埋め尽くされていた。行政などから依頼された調査の、数百を超える報告書だ。まるでシンクタンクか大学の研究室にあるようなその棚を見ていると、一瞬、自分がどこにいるのか、わからなくなる。

報告書の背表紙を読んでいくと、その背表紙に「中部国際空港ユニバーサルデザイン研究会」と書かれたものが、束になって並んでいた。「中部国際空港ユニバーサルデザイン研究会」とは、

ＡＪＵ自立の家と空港会社でつくられた研究会。この研究会の活動は、空港ができるまで五年間も継続されたという。

報告書のなかには、「愛知万博」と書かれたものも数多く並んでいた。そう、ＡＪＵ自立の家は、愛知万博のコンサルテーションも請け負っていた。資料をめくっていくと、この研究会から生まれてきたさまざまな知恵が記されている。

「ユニバーサルデザイン研究会」のメンバーには、肢体、視覚、聴覚などの障害者団体と空港会社の設計責任者、土木、建築の専門家や一般の利用者も加わっていた。もちろん、ＡＪＵ自立の家で働いている車いすの利用者、聴覚障害者、視覚障害者などもかかわっている。当事者の声を反映させるシステムが、ここにある。

「いろいろな、障害がある方に会議に参加していただくことで、ほかの障害のことをより理解でき、さまざまな障害者の意見を得ることができた」と、松本さん。

「ここで働く人の工賃は、平均一一万五〇〇〇円です。身体障害者の授産施設の平均的な工賃が、二万円弱と言われるなかで画期的な金額なんです」。松本さんは、胸をはって、わたしに語った。

ＡＪＵ自立の家を訪問した翌日、「ユニバーサルデザイン研究会」の事務局をしていた森崎康宣さん(49)と中部国際空港(通称　セントレア空港)に向かった。空港に行く途中、森崎さんと、ユニバーサルデザインの施設づくりの苦労話をした。

「視覚障害者の人たちから、触地図(凹凸により触ってわかる地図)が必要という意見があったので、計画に組み込んでいました。しかし、後になって、別の視覚障害者の人たちから、『据置式の触地図はいらない』と言われました。あのときは、本当にまいりましたよ。意見調整は、本当にむずかしいんです」

そういった苦い経験は、わたしもたくさんしてきた。取り入れた意見が、かならずしも正しいとは限らない。自分の障害のことだけでなく、ほかの障害者の意見を代表して言うことができる当事者が育っていくことが必要だし、判断をする側にはより多くの障害者に関する知識をもつこと、さらにはその意見をまとめていくスキルが必要になる。より多くの人の意見を求めようとすれば当然、対立することも多く、一筋縄にはいかない。もちろん、話は、障害者に限ったことではない。若い人も、子どもも含めて、より多くの人の意見をどう反映すればいいのか、施設づくりひとつとっても課題は多い。

セントレア空港からの離陸

空港に入り、エレベーターをあがっていくと、到着が二階、出発が三階とわかれている。三階

セントレア空港の見やすいサイン

に向かってエレベーターをあがっていくと、左側が国際線、右側が国内線であることを示す、とてもわかりやすいサインが目に飛び込んできた。国際線と国内線が同じフロアにあるから、動線がわかりやすく、移動も楽だ。こういったところも、ユニバーサルデザインをコンセプトにした大きなメリットだろう。

歩行用エスカレーター(動く歩道)には、大きく、くっきりと明るいＬＥＤの矢印のサインがあり、遠くからでも、始まる場所をわかりやすく教えてくれている。乗ってみると「動く歩道です。足元にご注意ください」という音声が流れた。視覚障害者が、音源に向かって歩行することになるため、音声ガイダンスの音源の位置まで、わかりやすい位置に設置されていた。建設中の段階で、実際に原寸大のモックアップ(模型)を製作して空間を再現し、さまざまな人の意見を聞いて、検証したそうだ。

トイレのブースの天井には、キセノンランプが設置されていた。火災報知機と連動しているので、火災などが起こった際に、警報音がわからない聴覚障害者に、光で知らせることができる。

あまり目立つことはなく、説明を受けなければ、どこにどんな配慮がされているのか気づかないことも多いが、トイレ全体も、弱視者にわかりやすいようにコントラストを強めにデザインしているなど、随所に多くの人たちに利用してもらうためになされた試行錯誤が、この空港には見え隠れしていた。

この空港は、より多くの人が利用しやすいようにつくられている。だから、ここからはより多くの人が、飛行機で飛び立っていくことができる。その先には、どんな未来がわたしたちを待っているのだろう。次々と離陸する飛行機を見ながら、近い未来を想像してみた。

〈ユニバーサル〉を創る

空港をあとにして、わたしは、愛・地球博の会場に立ち寄った。ここでも、ユニバーサルデザインのコンセプトが取り入れられていた。愛・地球博の会場は、もともと最大四〇メートルの高低差があったのだが、それを工事によって平坦にすることなく、グローバルループと呼ばれる空中の回廊を設置することで、歩行者にとっての高低差を解消したそうだ。歩行者にとっては、いってみれば、巨大なスロープを移動することで会場全体を段差がない状態で移動できるように設計されていたのだが、そのグローバルループはまるで、いまの時代を象徴しているように思えた。

わたしが設計に携わったユニバーサルデザイン、そしてユニバーサルサービスをコンセプトに設計や運営に携わった店舗も営業をしていた。外国人、高齢者など、さまざまな人が、その店を利用している様子を見ていると、なんだかうれしくなってくる。

国のレベルのプロジェクトが、ユニバーサルデザインをコンセプトにした設計を取り入れた。最近では、一般の企業からも、店舗などにもユニバーサルデザインのコンセプトを反映したいといった声も聞かれるようになった。一昔前には、想像もできなかったことだ。

ハードを中心とした設計などの事例だけではない。小さなNPOの活動、学校や地域、商店街など、いろいろなところで、障害者みずからが参画するさまざまな動きも広がってきている。いろいろな人がかかわり、意見を出しあうことで、お互いが相手のことを知ることができる。そして、自分のことを語り、交流しながら、その輪を広げてきていた。一人ひとりの思いや行動から始まったことが、多くの人にとって暮らしやすい、住みやすい社会づくりにつながっている。

時代の動きは、思ったよりも早い。

わだちコンピュータハウスの「わだち」とは、車が通った後に残る「車輪の跡」という意味だ。そこには、「社会に対して足跡を刻みつけながら前進したい」という意味がこめられているという。AJU自立の家が、いまから二〇年以上前の一九八五年当時に、障害者とコンピュータを結びつけたように、時代の一歩先を担って、これから、一〇年、二〇年、そして、もっとずっと先の社会を見据え、わたしたちは、次の時代にふさわしい「わだち」をどのように描いていけばよいのか。

この数年で、わたしは、すべての人が暮らしやすい社会を創っていこうとする、たくさんの人たちに出会った。

全国各地で、そして海外で、彼ら、彼女たちが残した足跡を追いかけてきて、ふと、振り返ると、そこには、すべての人がいっしょに歩んできた数々の足跡があることに気づいた。ソーシャル・インクルージョン、すなわち、すべての人が包括され、ともに創る社会は、もう、始まっている。

いままでも、そして、これからも歩んでいくのは、わたしたち一人ひとりである。しかし、これからわたしたちが残す足跡は、これまでのもののように単調なものではなく、障害や年齢、性別や人種を超えて、あらゆる人とともに創る足跡だ。

いま、わたしたちの目の前には、足跡のない、真っ白な砂浜が広がっている。

そして、これから、〈ユニバーサル〉を創る、一人ひとりの思いが、足跡となって幾重にも重なり合うことでこそ、多くの人が幸せを感じることができる、本当に豊かな時代を切りひらくことができる。そう確信しながら、わたしは、京都から始めたこの旅を終えた。

買い物宅配って？
運べないけど、自分で選びたいなーっ
今日は大根がうまいし安いよ
まいどありー
電話の場合も有り
依頼者は他にも小さな子どものいる人や、カゼをひいた人が薬を頼んだり、忙しい会社員の人も。
「お買い物宅配取り扱い店」はステッカーが貼ってあって、わかります。宅配代300円も払います
ここで
依頼者の注文を電話で商店街担当者へ
ハイ、ハイ、
サンネットへ
了解
ヨロシク
オッケー
そして軽トラックで配達(4時から7時)
普段は4～8個 年末は20～30個になることも
ネー、重かったり、大きかったりー
ネー、ネー、ネーッ 何してんの？
お買い物宅配便
2人で商店街をまわって荷物を集めます。
家具瀬戸物、CD
和菓子、本、ホタテ、薬など など
依頼者に届けます
これこれ助かりました
うまそー

主要参考文献

神居文彰『住職がつづるとっておき平等院物語』四季社、二〇〇〇年
みんなでぬくもりのあるまちを創ろう会　代表 村田孝雄『車イスでまわれる京都観光ガイド』汐文社、一九九九年
炭谷 茂、大山 博、細内信孝編著『ソーシャルインクルージョンと社会起業の役割』ぎょうせい、二〇〇四年
「特別支援教育におけるコミュニケーション支援」編集委員会編著『特別支援教育におけるコミュニケーション支援』ジアース教育新社、二〇〇五年
マジカルトイボックス編『アイデア&ヒント123――障がいの重い子の「わかる」「できる」みんなで「楽しめる」』エンパワメント研究所、二〇〇五年
(財)保健福祉広報協会『福祉機器　選び方・使い方　改訂版』二〇〇五年
全国障害学生支援センター編『大学案内　障害者版　二〇〇五』二〇〇五年
井上滋樹『ユニバーサルサービス』岩波書店、二〇〇四年
Janie Percy-Smith, *Policy Responses to Social Exclusion towards Inclusion*, Open University

Press, 2000

Julian Leff and Richard Warner, *Social Inclusion of the People with Mental Illness*, Cambridge University Press, 2006

Tony Atkinson, Bea Cantillon, Eric Marlier and Brian Nolan, *Social Indicators; The EU and Social Inclusion*, Oxford University Press, 2002

あとがき

この本をまとめることができたのは、わたしが、出会った多くの人から貴重な体験を教えてもらったことによる。そういう意味では、この本をまとめたのはわたしだが、この本は、本に登場していただいたすべての人といっしょにつくったものだと思っている。また、この本に登場はしていただかなかったが、ここ数年で、わたしに〈ユニバーサル〉を創る領域で、貴重な意見をくださったり、貴重な体験をさせてくださったすべての人にも、感謝の意を記したい。

この本を執筆するにあたり、岩波書店の坂本純子《さかもとじゅんこ》さんには、企画の段階から全体の内容や構成を考えるうえで、大変お世話になった。デザインを担当してくださった後藤葉子《ごとうようこ》さん、イラストを担当してくださった高橋哲史《たかはしてつし》さんとも、同じ思いを共有しながら本づくりに参加してもらった。また、この本を多くの人に読みやすくするため、力をいれなくても開きやすい広開本とした。視覚障害者の方には、本のカバーの一部を切りとって送っていただくとテキストデータを送る仕組みにした。

現在のわたしの勤務先である米国アダプティブ・エンバイロメンツのバレリー・フレッチャー所長や同僚には、米国をはじめ海外での動向や情報を提供してもらった。この場をかりて御礼を申し上げたい。

なお、障害者の「害」という言葉が、ネガティブなイメージであることから「がい」とするケースも見うけられるが、そのことが本質的な問題を解決するわけではないという、わたしの個人的な思いから、この本では、あえて「障害者」という言葉を使用した。

また、四章に関しては、堀内愛さんの主治医である青葉こころのクリニックの佐々木《ささき》俊徳《としのり》先生に、言葉の使い方などについてご指導いただいた。

この本は、この分野での活動の歴史が浅いわたしが個人の立場で、限られた体験のなかで綴ったものである。ご意見があれば、是非、およせいただきたい。

二〇〇六年八月　ボストンにて

井上滋樹

井上滋樹
1963年，東京生まれ．大学を卒業後，大手広告会社に勤務．以来，環境問題や南北問題など，主に社会的なテーマにおけるキャンペーンなどを数多く手がけてきた．1990年より，高齢社会におけるデザインやコミュニケーションに関する調査・研究，ユニバーサルデザインに関する展示会や国際シンポジウム，広告制作，店舗開発などをプロデュースする．

2006年現在，アダプティブ・エンバイロメンツ(米国)に特別研究員として勤務し，ユニバーサルデザイン，ユニバーサルサービス，ソーシャル・インクルージョンなどに関する研究活動，講演，コンサルテーションなどをグローバルに展開している．

九州大学ユーザーサイエンス機構アドバイザー．全国ユニバーサルサービス連絡協議会理事．

著書に『ユニバーサルサービス　すべての人が響きあう社会へ』(岩波書店)，『イラストでわかるユニバーサルサービス接客術』(日本能率協会マネジメントセンター)ほかがある．http://www.shigeki-inoue.com/

〈ユニバーサル〉を創る！

——ソーシャル・インクルージョンへ——

2006年10月18日　第1刷発行

著　者　井上滋樹《いのうえしげき》

発行者　山口昭男

発行所　株式会社　岩波書店
〒101-8002　東京都千代田区一ツ橋2-5-5
電話案内　03-5210-4000
http://www.iwanami.co.jp/

印刷・理想社　カバー印刷・NPC　製本・松岳社

ISBN 4-00-002356-X　　Printed in Japan

ユニバーサルサービス
―すべての人が響きあう社会へ―
井上滋樹
四六判二〇六頁
定価一八九〇円

沖縄が長寿でなくなる日
―〈食〉、〈健康〉、〈生き方〉を見つめなおす―
沖縄タイムス「長寿」取材班編
四六判二〇六頁
定価一八九〇円

人を不幸にしない医療
―患者・家族・医療者―
山城紀子
四六判二一二頁
定価一七八五円

犬が生きる力をくれた
―介助犬と人びとの物語―
大塚敦子
四六判二四〇頁
定価二一〇〇円

〈心の病〉をくぐりぬけて
森実恵
岩波ブックレット
定価五〇四円

当事者主権
中西正司
上野千鶴子
岩波新書
定価七三五円

―岩波書店刊―

定価は消費税5% 込です

2006年10月現在